leituras & releituras

leituras & releituras

MARIA FÁTIMA MALDANER, SND

Prática da oração pessoal

Edições Loyola

Diretor geral: Eliomar Ribeiro, SJ
Editor: Gabriel Frade

Capa: Ronaldo Hideo Inoue
Diagramação: Telma dos Santos Custódio
Preparação: Maurício B. Leal
Revisão: Iranildo B. Lopes

Projeto gráfico da capa e logotipo da coleção de Ronaldo Hideo Inoue.
Na capa, detalhe da imagem de © Nomad_Soul (Adobe Stock).
Vinhetas do miolo de Luis Renato de Carvalho Oliveira, SJ.

Rua 1822 nº 341, Ipiranga
04216-000 São Paulo, SP
T 55 11 3385 8500/8501, 2063 4275
editorial@loyola.com.br, vendas@loyola.com.br
loyola.com.br, 🇫 🇩 🇴 🇩 @edicoesloyola

Todos os direitos reservados. Nenhuma parte desta obra pode ser reproduzida ou transmitida por qualquer forma e/ou quaisquer meios (eletrônico ou mecânico, incluindo fotocópia e gravação) ou arquivada em qualquer sistema ou banco de dados sem permissão escrita da Editora.

ISBN 978-85-15-02397-4

3ª edição: 2025

© EDIÇÕES LOYOLA, São Paulo, Brasil, 2001

"Quem não aprendeu a adorar a vontade do Pai
no silêncio da oração dificilmente
conseguirá fazê-lo quando sua condição
de irmão lhe pedir renúncia, dor e humilhação" (DP 251).

SUMÁRIO

INTRODUÇÃO 9

1. PRÁTICA DA ORAÇÃO PESSOAL 11
   1. Introdução 11
   2. Atitudes fundamentais 13
   3. Integração do ser 14
   4. Em busca de uma metodologia para a experiência da
      oração pessoal 19
   5. Experiência imediata de Deus 19
   6. Passos práticos para encontrar-se com Deus na oração 21
   7. Conclusão 28

2. A EXPERIÊNCIA DE DEUS: EXPERIÊNCIA DE ENCONTRO ... 31
   1. Introdução 31
   2. Pequenas lições mistagógicas 32
   3. Contemplar através dos sentidos de Jesus 40

3. OS DEGRAUS DA *LECTIO DIVINA* 47
   1. Os degraus da tradição monástica 48
   2. Os acréscimos a Lectio Divina tradicional 50
   3. Etapas complementares 52

4. CONTEMPLAÇÃO PARA ALCANÇAR O AMOR 57
   1. "A recapitulação" 57
   2. A Contemplação para Alcançar o Amor: um modo novo de
      existir no mundo 63

5. EXERCÍCIO DE ORAÇÃO PESSOAL CONFORME
   A *LECTIO DIVINA* 69
   1. Preparação 69
   2. Leitura 69
   3. Meditação 70
   4. Oração 70
   5. Contemplação 70
   6. Consolação 70
   7. Discernimento 71
   8. Decisão 71
   9. Partilha 71
   10. Ação 71

6. EXERCÍCIO DE ORAÇÃO PESSOAL: MEDITAÇÃO COM
   AS TRÊS POTÊNCIAS 73
   1. Memória 73
   2. Inteligência (reflexão) 74
   3. Vontade (afetos, colóquios) 74

7. EXERCÍCIO DE ORAÇÃO PESSOAL: CONTEMPLAÇÃO
   EVANGÉLICA 75
   1. Prepração 75

INTRODUÇÃO

De uma forma ou de outra, todo homem reza. Todas as religiões têm seu culto, seu momento público de comunicação com a divindade.

No colo da mãe, a criança aprende a rezar, seja pelo olhar reverente dirigido ao crucifixo ou a um quadro da Mãe de Deus, seja pelo traçar o sinal-da-cruz, seja ainda balbuciando a oração ao Anjo da Guarda ou a Ave-Maria. Mais formalmente, a catequese ensina a rezar.

Na Escritura, encontramos grandes orantes bíblicos: Abraão intercede por seu povo, que não mais é "justo"; Moisés, o grande contemplativo, quer ver a face de Deus, e o próprio Javé lhe dá as mais sábias lições; Davi, rei, sabe prostrar-se no reconhecimento de sua culpa e proferir o salmo do "Miserere mei"; Judite e Ester, mulheres sábias, pela força de sua oração salvam o povo de perigos iminentes.

Ao longo da história do cristianismo, encontramos os mestres do deserto, procurados para ensinar a orar. Há como que um fascínio e uma saudade no coração humano, em busca de comunicação e sintonia com o totalmente OUTRO, nos mais diversos estados de ânimo da criatura humana.

A seguinte constatação nos parece evidente: *a oração é graça e é um aprendizado*. Assim como os discípulos, encantados pelo modo de orar de Jesus, chegam a Ele e lhe pedem: "Mestre, ensina-nos a orar", assim as pessoas que vêm aos retiros pedem ajuda para rezar, meditar e contemplar melhor. Também não são raros os casos em que lamentam não conseguir ser perseverantes na prática da oração diária e pessoal, saudável para todo batizado e recomendada para os consagrados.

Os artigos aqui apresentados nasceram aos poucos, e foram ajuda aos que vinham sendo iniciados na experiência de Deus.

Agradeço ao redator da revista *Itaici*, que achou por bem incluir a publicação destes textos na Coleção Leituras e Releituras.

1
PRÁTICA DA ORAÇÃO PESSOAL

1. Introdução

A luz pode resplandecer nas trevas, aquela luz que mora no coração dos homens, interioridade última do ser humano, seu centro mais profundo. Luz que é a própria transcendência que nos plenifica.

A ela se refere o documento conciliar ao falar da dignidade da pessoa humana: "Com efeito, por sua vida interior, o homem excede a universalidade das coisas. Ele penetra nesta intimidade profunda quando volta ao seu coração, onde o espera Deus, que perscruta os corações, e onde ele pessoalmente, sob os olhares de Deus, decide a sua própria sorte" (GS, n. 14/243).

A longa história da humanidade nos fala de homens e mulheres que atravessaram as dimensões de seu ser para se encontrar com a luz e ser luz para os outros, no espaço vital onde os espera Deus. Referimo-nos aos contemplativos bíblicos e a tantos outros até os nossos dias. O homem moderno, em seus primeiros passos no século XXI, não é inferior aos que viveram antes dele para também enveredar pelo caminho da interioridade.

Viver a profundidade do nosso ser é acolher o gérmen da vida que Deus colocou em nós, que cresce no "Espírito" e a partir do Espírito (cf. Jo 3,6), a fim de chegar à realização mais autêntica e mais plena da existência humana. "Com efeito, o Reinado de Deus está entre vós"

(Lc 17,21). Viver a partir da interioridade é chegar a integrar e harmonizar todos os níveis de nossa pessoa, corpo, afetividade, mente e coração, com a fonte da vida, enraizados que somos na vida e na luz de Deus.

Todos os atos da vida, não só a oração, para ser plenos e eficazes, devem ser vividos a partir das raízes do nosso ser, isto é, a partir do nosso núcleo mais íntimo. Neste núcleo, a relação de convivência com as pessoas, com as coisas, com a natureza e com toda a criação se torna encontro, estabelecendo em nós a paz, a harmonia, a serenidade, o dinamismo de amar, doar-se, servir sem medidas. Conviver a partir do centro será fonte de crescimento e de enriquecimento.

É preciso afastar os obstáculos que impedem o acesso ao centro, ao eu mais profundo. Em princípio, não se trata de empreender tarefa extraordinária. Simplesmente permitir que nossas faculdades humanas sejam como devem ser, respondendo adequadamente ao plano de Deus sobre elas.

Esta breve introdução serve de horizonte para o tema — ORAÇÃO PROFUNDA — que pretendemos desenvolver. Não de forma ampla nem no que ela seja em si ou no que ela seja por graça que vem do alto, mas naquilo que ela é no cotidiano da vida do cristão, do religioso, do candidato à vida religiosa. Enfim, na vida de todos aqueles sedentos do espiritual, do transcendente, do próprio Deus que habita em nós e espera nosso encontro com Ele, como diz São Paulo: "Ou não sabeis acaso que o vosso corpo é templo do Espírito Santo, que está em vós e que vos vem de Deus, e que vós não vos pertenceis? (1Cor 6,19); e ainda: "Do mesmo modo, também o Espírito vem em socorro da nossa fraqueza, pois nós não sabemos rezar como convém; mas o próprio Espírito intercede por nós com gemidos inexprimíveis" (Rm 8,26-27). Nosso intento é enfocar que a Oração Profunda implica exigência de aprendizado a ser feito na aquisição de certas atitudes e na escolha de meios adequados.

Referimo-nos à oração cotidiana, à meditação ou contemplação que deve assumir o caráter de "profunda" na vida do cristão, sobretudo do cristão comprometido com sua fé. O *Documento de Puebla* enfatiza: "Os cidadãos deste povo devem caminhar na terra, mas como cidadãos do céu, com seu coração enraizado em Deus, através da oração e da contemplação. Esta atitude não significa fuga diante do terreno, mas condição para entrega fecunda às pessoas. Porque quem não aprendeu a adorar a vontade do Pai no silêncio da oração dificilmente conseguirá fazê-lo quando sua condição de irmão lhe pedir renúncia, dor ou humilhação" (DP 251).

2. Atitudes fundamentais

Conviver a partir do centro requer duas atitudes fundamentais:

Estar presente a si

Esta poderia parecer uma atitude normal do ser humano. No entanto, a verdade é a nossa dispersão em mil tarefas, correria, ansiedade, preocupações acompanhadas da sensação de sobrecarga de outras tantas obrigações à espera. Que vem a ser "estar presente a si"?

Antes de tudo, é atitude a adquirir pela qual a pessoa se permite SER. É o espaço de ser da pessoa, consciente do que está vivendo, no exato momento presente. Não é estar simplesmente gozando de um tempo livre para si, mas a atitude de ser, de viver, de experimentar-se a si mesmo de modo consciente e cordial. É estar presente a si em qualquer momento com os cinco sentidos, com toda a mente e com todo o coração, em qualquer lugar e em qualquer circunstância, dedicando-se às tarefas de modo consciente, atento, sem pressa, a fim de descobrir um modo de ser cheio de sentido, com paz e harmonia. Colocar-se assim, nessa atitude de estar presente a si, é descobrir o segredo da vida, de forma que cada atividade, cada trabalho, cada situação desvendam um sentido novo desde a profundidade do ser, descobrindo-nos o mistério da própria vida como tal, que é Deus na intimidade de cada ser humano.

A pessoa humana precisa, pois, aprender a viver consciente de sua autêntica realidade: o centro pessoal, o centro do ser.

Saber acolher o silêncio

A segunda atitude fundamental para viver a partir do centro, do eu autêntico e essencial, é acolher o silêncio. Necessitamos viver em silêncio e partir do silêncio para descobrir a maneira de viver mais profunda e plena.

Não entendemos silêncio aqui como ausência de ruído, mas como a capacidade de situar-se para além do ruído, além do movimento, além de toda e qualquer agitação, acolhendo a própria quietude, a harmonia e a transparência. O silêncio é, pois, vazio e plenitude ao mesmo tempo. É transparência, ruído, mistério. É preciso silêncio por dentro e por fora, silêncio capaz de transformar porque coloca a pessoa para além de suas capacidades. A lua reflete-se num lago calmo e transparente. Somente no silêncio total, na quietude e na harmonia do ser — corpo, mente, coração — poderá refletir-se, na profundidade do ser, a verdadeira e autêntica realidade do ser humano, feito à imagem e semelhança de Deus (Gn 1,27).

Tal silêncio transforma a vida em nova vida, uma vida além da realidade do aqui e agora, mas que se encarna, de forma mais plena, nessa realidade.

Quando o silêncio fala, a vida se transforma. Quando o silêncio é forte, denso, imenso, ele se torna eloqüente, fala e se encarna. "Pois, enquanto um silêncio tranqüilo envolvia todas as coisas e a noite estava no meio de seu curso, a tua Palavra onipotente, deixando os céus e o trono real, irrompeu como guerreiro no meio da terra maldita..." (Sb 18,14-15), isto é, O VERBO se encarna no seio da Virgem, plena de silêncio.

O silêncio se escuta. "E Deus estava na brisa suave" (cf. Rs 19,12). Nada mais forte que o silêncio de uma multidão que se detém para escutar Deus passar. Tudo se extasia impregnado de sua presença, de sua transparência. A vida não se cala, ela se faz próxima, amorosa e profunda. É a hora em que a vida e o silêncio falam; a vida não muda, mas se faz nova.

3. Integração do ser

Parece que podemos afirmar ser o silêncio, como atitude fundamental para encontrar o caminho da interioridade, a força integradora dos diversos níveis da pessoa: o corpóreo, o emocional e o mental. É a atitude a assumir a fim de permitir que as faculdades humanas desempenhem suas funções de acordo com o plano de Deus a seu respeito.

Fazer silêncio consiste em tomar consciência do corpo, do próprio estado emocional, da própria mente, do coração, de todo o ser. Mais ainda: é ir além de seu corpo, de seus sentimentos, de seu coração, de sua mente. É poder situar-se para além dos ruídos, das tensões, da ansiedade, dos pensamentos elaborados, para chegar ao centro do ser, ao eu profundo, onde simplesmente a pessoa diz: eu sou — eu sou vida, luz, amor — e, ao mesmo tempo, toma consciência da fonte e manancial de seu ser: Deus, o ser Absoluto, plenitude de vida, luz e amor.

O silêncio é a força integradora dos diversos níveis da pessoa, a partir do mais periférico, o mundo físico-corpóreo, até o mundo afetivo-emocional, o mundo mental-intelectual e o eu profundo. É preciso tomar consciência dessa realidade pessoal em clima de distensão e concentração, a fim de, no encontro consigo, com sua realidade única e pessoal, confessar a realidade do OUTRO, do totalmente OUTRO que nos habita: Deus. Não se trata de descobrir a luz, a vida, o amor. Trata-se de um encontro pessoal com o OUTRO: Jesus, que é o Amor, a Vida, a Luz. Jesus, que é liberdade em face de minha liberdade, verdade total que me interpela e pede resposta.

Os conflitos e a agitação do mundo moderno são refletidos pela pessoa em seu microcosmo como por um espelho, deixando-a tensa. O aproveitamento máximo de nossas potencialidades mentais, bem como a experiência espiritual profunda e mística dependem de nossa capacidade de equilíbrio, paz, serenidade e tranqüilidade. Não intencionamos apresentar aqui soluções para a pessoa humana avassalada por tensões de toda espécie. Por falar de oração profunda como aprendizado, ressaltamos a necessidade de pacificação da personalidade em seus principais níveis, corpóreo, afetivo e mental, como uma ajuda à tomada de consciência do próprio ser.

Eis o apelo que se faz aos três níveis para conseguir o que comumente chamamos de recolhimento para a oração.

Pacificação a nível corpóreo

O corpo é elemento essencial e constitutivo do ser humano. Constitui a materialidade do sonho criativo de Deus a respeito de cada pessoa.

"... o Espírito de Deus habita em vós" (Rm 8,9). Daí a necessidade de conquistar o corpo para tomar consciência do tesouro que está abrigando.

A conquista a conseguir se deve ao acúmulo de tensões em nosso ser, expressos na pressa, na ansiedade, no cansaço, no nervosismo etc. À medida que nos colocamos a observar mais atentamente nossos sentidos e movimentos, damo-nos conta da distorção em que vivemos.

Por intermédio do corpo e dos sentidos, podemos descobrir nossa autêntica e profunda identidade, adquirir consciência do eu profundo como sujeito de nossa dimensão corporal, como expressão de nosso eu essencial. É preciso estar atento a essa realidade, fazendo com que o corpo e os sentidos se tornem colaboradores de todo o ser, mobilizando tudo para que ocupem o exato espaço que lhes corresponde em outros níveis e aspectos da vida. Incorporá-los às vivências mais profundas é meio para que aconteça a harmonia, a transparência de todo o ser. Trata-se de hábitos a recuperar ou a adquirir por meio de exercícios.

Encontramos difundidos hoje os mais variados exercícios de relaxamento neuromuscular, dos sentidos, de respiração, de origens diversas. São válidos, desde que sua finalidade seja encontrar-nos, em nossa realidade mais profunda, com o Deus de Jesus Cristo e não somente a paz e a tranqüilidade em si mesmas[1].

Pacificação emocional

"A glória de Deus é que a pessoa viva" (Santo Ireneu). Entretanto, continuamente está a pessoa sujeita a vivências alternadas de gozo e dor, risos e lágrimas, tristezas e alegrias, acompanhadas de emoções, sentimentos e variados estados de ânimo. Tais alternâncias exercem repercussão vital sobre a totalidade do nosso ser, gerando pensamentos, ações e vivências. Falamos do campo de nossa afetividade. Não podemos estar alheios a essa realidade. Tudo o que nos vem das relações com os outros, com o mundo exterior e com a vida desperta uma série de experiências íntimas que produzem sentimentos e estados emocionais ora positivos,

---

1. BALLESTER, Mariano, SJ, *Experiências de Oração Profunda*, São Paulo, Paulinas, 1993.

ora negativos. Assim, fazemos a experiência do amor, do gozo, da alegria, da paz e da serenidade interior, despertando em nós o prazer de viver; outras vezes sentimos o calor da amizade, da ternura de uma mãe, da paz de uma paisagem ou da satisfação do sucesso no trabalho. São estados emocionais positivos, que nos fazem crescer, desfrutar a vida, e nos propulsionam para a frente, cheios de esperança. Este mundo afetivo alcança sua plenitude no gozo da experiência de Deus. Quando Deus se torna presença viva e pessoal, afloram sentimentos de amor, de paz, de gozo e de libertação interior. É preciso saber a riqueza do mundo afetivo, pois dele nascem o calor, o colorido e o sabor da vida.

Mas temos também a experiência de vivências afetivas contrárias, como aborrecimentos, tensões, agressividade, ansiedades, angústias, pressas, nervosismos, irritações, inseguranças, tristezas, indignações etc. Tais sentimentos exercem sua influência sobre o nível corpóreo com manifestações de desgaste de energia física, alterações na respiração, aumento da freqüência cardíaca, insônia etc. Atingem o próprio nível mental e afetivo, perturbando a paz, a serenidade interior e fazendo diminuir a capacidade de viver a vida na sua monotonia diária. A sensação de obscuridade e vazio invadem a pessoa.

O momento de oração precisa encontrar-nos libertos de toda carga negativa de nossa afetividade: de toda a ansiedade e de todos os estados de ânimo, emoções e sentimentos negativos. O momento de oração precisa encontrar-nos centrados em nossa vida concreta, sentindo-nos bem conosco, com os outros, com a vida.

É necessário, portanto, pacificar nossa afetividade. Saber situar-nos diante dos estados de ânimo ou sentimentos negativos para observá-los e aceitá-los é o caminho básico para a superação. Seria contraproducente ignorá-los. Os exercícios de relaxamento ajudam nessa pacificação.

Em princípio é preciso estar ciente de que certas atitudes implicam uma aquisição pessoal por meio do esforço e da disciplina. Ninguém nos poderá substituir na aquisição dessas atitudes. Assim, a pacificação das tensões emocionais tem muito a ver com a distensão corporal, com o exercício correto da respiração profunda, lenta e serena. Tonifica o organismo e faz recuperar maior serenidade. Essa postura pode ser adquirida no decorrer da vida cotidiana sem apelar a meios extraordinários. Posicionar-nos diante de esquemas mentais habituais que provocam emoções negativas — como inflexibilidade diante de afirmações, idéias, horários, acontecimentos e situações —, aprender a relativizar essas situações e colocar-nos positivamente diante delas, tudo isso pode ajudar-nos a manter a paz interior e preparar-nos para a oração profunda. Trata-se de encarar a vida em sua totalidade, vivê-la em plenitude como fonte autêntica de paz, de calma e serenidade interior.

Pacificação mental

Falamos aqui da mente ordinária sem nos referir ao subconsciente, com seu conjunto de conteúdos psíquicos. Com a mente, pensamos sobre as coisas, dissertamos sobre os acontecimentos, refletimos sobre a nossa vida, tiramos conclusões das nossas lembranças e projetamos planos para o nosso futuro, incluídas aqui a memória, faculdade para recordar fatos passados, e a imaginação, faculdade criativa.

A mente consciente nos permite tomar conhecimento do exterior e de nós mesmos, captar parte das impressões e estímulos que nos chegam através dos sentidos. Nossa mente consciente é instrumento muito valioso para a vida. Com ela formamos conceitos e idéias das coisas; certas estruturas nos ajudam a ter referência comum com os outros na vida social.

É preciso conquistar a mente ordinária, à procura de um relativo nível de concentração e silêncio dela. À medida que nos vamos serenando, amplia-se o campo de concentração e identificamos os próprios esquemas, idéias, imagens, recordações, estados de ânimo, apegos específicos. Trata-se de dar a todo esse conteúdo o valor relativo que ele tem e, sem menosprezar tal conhecimento, tudo canalizar para nosso próprio centro. A partir dele, conhecer as coisas como são em si mesmas e em Deus. A mente então está apta para, na intuição, captar a sabedoria suprema sem necessidade de dados intermediários. É o nível próprio para acontecer a experiência de Deus.

A sede de crescimento interior fará com que cheguemos a realizar o sonho que Deus tem a respeito de cada um de nós.

4. Em busca de uma metodologia para a experiência da oração pessoal

Mesmo com uma literatura imensa sobre o tema da oração, não são comuns livros com orientações sobre a prática da oração.

Mesmo nos tratados clássicos, há escassez de indicações sobre a maneira prática de orar. Nas obras de Santa Teresa de Ávila ou São João da Cruz encontramos poucas orientações, e muito esparsas.

Falamos da oração como ajuda à experiência de Deus, não só durante seu transcorrer propriamente dito, mas da experiência de Deus que acontece na totalidade da vida da pessoa, experiência que é reconhecimento de Sua presença em situações e estados de ânimo que precisam ser discernidos.

Referimo-nos aqui à espiritualidade inaciana, mas não menosprezamos as outras. Simplesmente nela encontramos a vivência de nossa espiritualidade pessoal.

Feita esta observação e levando em conta a quase inexistência de orientações práticas para a oração, surpreende-nos o conteúdo do pequenino livro dos *Exercícios Espirituais* de Santo Inácio, que traz uma metodologia pormenorizada da oração, em que transparece a experiência de Deus de um homem concreto, com indicações seguras para outros também a tentarem. Logo no início (EE 15) há uma afirmação de peso. Afirma Inácio estar convencido de que Deus se comunica imediatamente com a criatura. Tal comunicação pode ser experimentada. Sua convicção vai além. Em seus escritos ele afirma que essa comunicação não é só para místicos, nem acontece apenas nos momentos privilegiados da oração propriamente dita — é experiência que podemos desejar.

5. Experiência imediata de Deus

O que nos leva a falar da experiência imediata de Deus e de um aprendizado dela por meio de exercícios?

São a experiência de acompanhamento espiritual e a orientação de retiros espirituais para numerosas pessoas das mais diversas categorias que nos levam à reflexão sobre a experiência imediata de Deus. Pessoas entregues a exercícios espirituais relatam, com genuína simplicidade, seu encontro com o Deus vivo e verdadeiro, como experiência sentida, que parte da iniciativa do mesmo Deus que se aproxima em graça. Experimentam Deus na sua indizível ternura e no seu amor por elas tal como se manifesta em Jesus Homem-Deus. Sentem-no despojado de fenômenos como visões, símbolos, audições e palavras. Experimentam Deus diretamente, de forma intensa e pura, um Deus pessoal que se comunica e com o qual podem se comunicar, quando há entrega do coração na fé, na esperança e no amor ao próximo.

Diante deste fato, buscamos apoio teológico para essa experiência, relatada na história da espiritualidade e sempre verificada de novo pelos orientadores espirituais em sua missão cotidiana.

A favor da comunicação direta de Deus com a criatura estão, entre outros, A. Poulain, P. Hugueny, G. Maréchal. Sobretudo, referimo-nos a Karl Rahner. Ao comentar Santo Inácio, ele diz: "Uma coisa, porém, permanece de pé: que Deus pode e quer tratar de modo direto com sua criatura; que o ser humano pode realmente experimentar como tal coisa sucede; que pode cantar o soberano desígnio da liberdade de Deus sobre sua vida, o que já não é algo que se possa calcular, mediante um oportuno e estruturado raciocínio, como uma exigência da racionalidade humana, nem teológica, nem existencialmente"[2]. E ainda: "Deus mesmo; era Deus mesmo que eu experimentei; não palavras humanas sobre Ele. Deus e a surpreendente liberdade que O caracteriza e que somente se pode experimentar em virtude de Sua iniciativa, e não como o ponto em que se cruzam as realidades finitas e os cálculos que se podem fazer a partir delas... O que digo é que assim aconteceu; e me atrevo inclusive a acrescentar que se deixásseis que vosso ceticismo a respeito deste tipo de afirmações chegasse a suas últimas conseqüências e desaguasse não apenas em uma teoria habilmente formulada, mas também na amargura de viver, então poderíeis fazer esta mesma experiência"[3].

---

2. RAHNER, Karl, *Palavras de Sto. Inácio de Loyola a um jesuíta*, Col. Ignatiana, nº 18, p. 11.
3. Idem, ibidem, p. 10.

Santo Inácio expressa sua convicção de fé quando diz: "Quem dá os Exercícios não se volte nem se incline a uma ou outra parte; mas, permanecendo em equilíbrio como uma balança, deixe o Criador agir imediatamente com a criatura e a criatura com seu Criador e Senhor" (EE 15). Karl Rahner, comentando essa convicção, reconhece, como o próprio Inácio, a necessidade "de uma ajuda de iniciação destinada a que os demais não rechacem a proximidade imediata de Deus, mas a experimentem e assumam claramente".

Mesmo que o encontro profundo e direto com Deus constitua uma graça, nem por isso devemos admitir que esta graça seja negada a alguém e venha a ser privilégio de poucos.

Propomo-nos, pois, agora percorrer alguns aspectos que virão ao encontro das expectativas de quem se entrega à ciência das coisas espirituais e à fidelidade ao Criador que, ardentemente, deseja a aliança com sua criatura. Como pano de fundo, permanecem as questões: "Como se pode experienciar a fé cristã? Como Deus se pode tornar presença pessoal sem ser confundida com outras manifestações do próprio ser da pessoa"?

Não restringimos a experiência de Deus aos momentos de oração propriamente dita. A sua autenticidade se prova no cotidiano da vida e na história da pessoa.

A oração exerce função pedagógica na experiência de Deus, tanto para estabelecer a síntese entre vida de fé com vistas ao testemunho na dimensão histórica como para ser "aprendizado" dessa mesma experiência.

Eis a razão de fazer agora referência a orientações que se têm mostrado úteis para a prática da oração pessoal.

Globalmente já nos estendemos sobre a necessidade da integração do ser que a dinâmica orante pede. Vamos aos pormenores, sobretudo em relação à oração pessoal.

6. Passos práticos para encontrar-se com Deus na oração

Preparação para a oração

Você quer realmente ter uma vida de oração?

É questão de honestidade e pergunta prévia a ser feita a si mesmo por todo aquele que busca encontro com o Senhor, uma experiência pessoal de Deus. Um encontro entre pessoas não se mantém e não se aprofunda sem um ritmo de relacionamento que o sustente. Deus não é uma idéia, um conceito, uma causa. São três pessoas. É necessário um ritmo de relacionamento com as pessoas divinas para que o verdadeiro encontro aconteça. Um relacionamento pessoal só é possível mediante o conhecimento da pessoa e uma interação.

Tudo o que dissemos até agora e diremos em seguida cairá por terra se o leitor não responder honestamente à pergunta: "Quero realmente ter uma vida de oração?" Se você realmente quer, vai procurar os meios, vai dedicar o tempo necessário, vai buscar as disposições interiores e exteriores indispensáveis, e sua oração não dependerá das circunstâncias ou de seu estado de humor. A fidelidade à oração dependerá da honestidade de sua resposta.

Duração da oração

O tempo é o preço que devemos pagar para aprender a duração do tempo que se dará à oração, criando assim um ritmo pessoal diário de encontro com o Senhor. Será de meia hora, 45 minutos, uma hora? A fidelidade ao tempo depende da firmeza tranqüila com que se toma a decisão. É preciso permanecer fiel ao tempo determinado. É o tempo dado a Deus e em benefício dos irmãos. Abreviá-lo seria ceder à tentação. Há, porém, diferença entre duração da oração como cumprimento do que se escolheu e duração como permanência à escuta do Senhor, alimentada por desejos ardentes, busca apaixonada e conseqüente descoberta da novidade de Deus, inesgotável na pessoa de Jesus.

O ambiente para a oração

"Quanto a ti, quando quiseres orar, entra no teu quarto mais retirado, tranca a tua porta, e dirige a tua oração ao teu Pai que está ali, no segredo. E o teu Pai, que vê no segredo, te retribuirá" (Mt 6,6). Esta citação evangélica nos remete à escolha do lugar propício para a oração. O local é propício quando ajuda a pessoa a concentrar-se, quando a predispõe para a matéria que quer meditar ou contemplar. O local pode ser mais próprio ou menos próprio, dependendo do quanto favorecer a que todos os sentidos participem inteiramente no ato de orar. Assim, num ambiente em que predomine a claridade, a luz, uma vela acesa pode favorecer uma oração sobre a ressurreição de Jesus ou os mistérios gozosos da sua vida. Ao contrário, um ambiente mais sóbrio, menos iluminado, pode favorecer a meditação da Paixão.

O bom lugar é envolvido pelo silêncio. Ainda que seja possível em meio ao intenso barulho de uma estação rodoviária ou de um aeroporto fazer silêncio interior. Normalmente, o local é bom para a concentração quando é silencioso e favorece o silêncio.

Escolha e definição do assunto

Dispor-se para a oração supõe um início remoto, isto é, uma preparação à noite. Consiste na escolha da matéria da oração ou de um texto bíblico para ela, bem como na definição do fruto que se pretende colher. Feito isso, a pessoa procure guardar amorosamente na memória o texto, ao adormecer. São orientações sábias e seu valor certamente vem confirmado pela própria psicologia. Ao acordar, pela manhã, a preparação, que era remota, vem a ser próxima e a entrada em oração está com meio caminho andado. Recorda-se então a matéria ou o texto da oração, elevando a mente ao Pai por alguns instantes para, em seguida, reverenciá-lo, inclinando-se num ato de humildade.

Eventuais circunstâncias pessoais ou decorrentes da própria matéria a tomar para a oração pedem que a pessoa defina claramente para si mesma qual a forma ou o modo de orar que vai utilizar: leitura meditada, meditação, contemplação etc. Não cabe aqui diferenciar estes diversos modos de orar[4].

O corpo em oração

A pessoa total se põe a orar. No início, de pé, braços erguidos e mãos abertas: gestos de oferenda e espera... Lenta genuflexão e sinal-da-

---

4. CEI-ITAICI, *Rabi, onde moras?*, São Paulo, Loyola, 1991, pp. 155-158.

cruz muito lento podem ser ajuda inicial muito eficaz, para, em seguida, definir com toda a liberdade de espírito a melhor posição para rezar.

A tradição oriental insiste em posições básicas do corpo que favorecem o caminho para a interioridade. Na liturgia cristã, conhecemos posições corporais — inclinações, prostrações — e numerosos gestos que ajudam a expressar ora o louvor e a ação de graças, ora a súplica e a compunção do coração. Descobrir a própria posição corporal é encontrar a posição ideal. Poderá ser ajoelhado ou sentado em cadeira ou banco, não muito macios, costas bem eretas, favorecendo uma respiração tranqüila; pode ser utilizado também um tamborete (20 cm x 45 cm) ou a postura de lótus, desde que o corpo consiga manter-se sossegado, tranqüilo, durante o tempo da oração.

O início da oração

APAZIGUAR-SE

Pertence ao cerimonial da ruptura com o momento anterior afastar-se de toda agitação exterior ou interior. Ao dirigir-se ao lugar de oração, a pessoa procure repousar o espírito, dando-se conta daquilo que está por fazer e o que busca realmente ao querer entrar em oração. Encontrando-se, pois, no seu "lugar sagrado", onde buscará encontrar Deus, a mente se eleve, o corpo se incline em profunda reverência, para que a pessoa inteira se ponha em harmonia com a experiência que está por começar.

Vai depender da situação atual de cada um o espaço de tempo necessário para tranqüilizar-se, bem como a forma ou os métodos a utilizar para que aconteça a intensa escuta de Deus.

PRESENÇA DE DEUS

Pôr-se na presença de Deus não se dá automaticamente com o tradicional "coloquemo-nos na presença de Deus". Trata-se de um ato de fé de que Deus está aqui, um ato de intensa comunhão com Ele, que pode ser feito no silêncio, pela palavra ou por um gesto. Poderá ser sentido ou somente vivido na fé. Ir criando estas disposições de fé de nossa parte, para que Deus nos coloque em sua presença, é colocar-se na presença de Deus, e isto já é oração.

ORAÇÃO PREPARATÓRIA

É um breve momento em que a pessoa se dá conta de sua vida para situá-la sob o sol de Deus que dá sentido à sua existência. A oração preparatória traduza as verdadeiras disposições pessoais diante de Deus, oferecendo-lhe o próprio querer e a própria liberdade, pedindo a graça de buscá-lo com todo o ser; de buscar unicamente o que for conforme aos desígnios de Deus e que leve ao compromisso com os irmãos e ao serviço do Reino.

O corpo da oração

DISPOSIÇÕES PRÉVIAS

As grandes peças musicais são introduzidas por breves acordes. Aqui, o momento é semelhante. Trata-se de pequenas disposições como vislumbres do grande momento da oração propriamente dita.
  a) Um destes acordes se prende à memória, que recorda brevemente a história, isto é, o fato ou o mistério a ser contemplado ou a passagem bíblica a ser meditada.
  b) Usar a "imaginação", vendo o lugar da cena ou do fato, vem a ser meio extraordinário para acontecer a oração em profundidade. Pretende ser representação imaginária do mistério ou da matéria que se quer tomar para a oração, contextualizando-a[5].
  c) Faz-se, a seguir, pedido de uma graça especial. Não nos é dado forçar a porta do mistério de Deus; não é pelo esforço pessoal

---

5. KOLVENBACH, Peter H., SJ, "Imagens e imaginação nos Exercícios Espirituais", *Itaici*, revista de espiritualidade inaciana, n. 4, 1990, pp. 37-48; MACLEOD, Frederick G., "O uso da imaginação nos Exercícios Inacianos", *Itaici*, revista de espiritualidade inaciana, n. 9, 1992, pp. 27-60.

que poderemos trilhar os caminhos do Senhor. Só podemos agir bem na constante perspectiva da ação de Deus. Além da graça geral da acolhida do Espírito e da docilidade à sua voz, há uma graça especial a pedir, expressa pelos desejos que brotam do coração, a partir de toda a preparação anterior. Com confiança filial, faz-se o pedido da graça, que será diferente a cada dia, pois deve estar em consonância com a matéria a rezar e o fruto que se espera da oração.

MEDITAÇÃO OU CONTEMPLAÇÃO

Os passos anteriores, ainda que breves, foram como uma liturgia em nível pessoal, preparando o desejado encontro com o Senhor. Estamos no corpo da oração. O aprofundamento pode ser feito de várias formas — leitura meditada, meditação, contemplação. É o momento da oração propriamente dita, que é um relacionamento com o Senhor. Semelhante aos nossos relacionamentos com as pessoas, o relacionamento com Deus não pode ser forçado, nem de nossa parte nem da parte de Deus. Deus pode fazer-se presente ou deixar-nos com um sentimento de ausência. Isto faz parte do relacionamento vivo e real. Não seria verdadeiro, pessoal e profundo o relacionamento forçado ou mecânico, exigindo que Deus venha ao nosso encontro simplesmente por ser agora o momento que programamos para a experiência. Podemos controlar imagens, ídolos e a nossa imaginação, podemos seguir todas as orientações, mas não podemos controlar o Deus vivo. O relacionamento verdadeiro começa a acontecer no reconhecimento mútuo de duas liberdades. É a oração, no entanto, uma forma de comunicação extraordinária do homem com Deus, fenômeno universal da vida de fé. Existe uma afinidade entre Deus e o homem que torna essa comunicação possível. O SER de Deus é imanente ao ser humano, é isto a base da comunicação.

Acima de tudo, oração é a experiência da gratuidade; não pode ser programada na linha da eficiência como tal, levando infalivelmente a determinados resultados por efeito do esforço pessoal.

Tudo seja feito da parte da pessoa. A permanência em oração pede disciplina de sentimentos, disciplina do corpo, atitude de busca e perseverança no tempo. São condições que predispõem para a gratuidade do momento que é a graça, e na graça pode acontecer o diálogo amoroso eu-TU, o diálogo com o totalmente OUTRO, o TU divino, a comunicação com o Deus uno e trino, com o Deus de Jesus Cristo[6].

Conclusão da oração

A) COLÓQUIO FINAL

Durante a oração ocorrem os momentos de diálogo, próprios do relacionamento eu-TU. Aqui, no final da oração, os diálogos, de coração a coração, se tornem mais íntimos e intensos. São colóquios a fazer assim como quando se conversa com um amigo, expressos pelos sentimentos que brotaram, as iluminações que apareceram, os apelos que nos questionaram durante o tempo dedicado à oração.

B) ORAÇÃO VOCAL

Depois do colóquio final, sentindo-se povo de Deus, é bom concluir a oração pessoal com uma oração vocal — Pai-nosso, Ave-Maria, Alma de Cristo etc.

C) UM GESTO

Traduzimos por gestos nossos relacionamentos ao saudar amigos e despedir-nos deles. Seja assim com o Senhor, descobrindo um gesto de despedida amorosa: uma inclinação profunda, uma genuflexão, um sinal-da-cruz feito lentamente são exemplos de gestos de leal despedida, com a promessa de amanhã voltar ao contato pessoal com o Senhor.

---

6. BARRY, William, SJ, *Deus e você*, São Paulo, Loyola, 1990.

Após a oração

Toda pessoa sensata costuma perguntar-se a respeito do sentido e dos efeitos de seus atos. O crescimento na vida espiritual implica que tomemos a sério o tempo dedicado à escuta de Deus, com suas repercussões para nossa vida de cristãos no dia-a-dia. Assim, momentos após a oração, é conveniente criar o hábito de fazer discernimento, perguntando-se a respeito de sentimentos, apelos, luzes e, sobretudo, a respeito dos toques da graça mais profundos e evidentes a partir da Palavra de Deus[7].

7. Conclusão

Abrimos algumas pistas sobre o fascinante tema da experiência de Deus. Muitos aspectos merecem ser aprofundados. Cremos que as nossas reflexões possam oferecer uma ajuda aos leitores, sobretudo aos formadores na sua missão de introduzir outros nessa experiência.

Questões para ajudar a leitura individual do texto ou o debate em comunidade

1. Uma das atitudes apontadas como fundamental para a experiência da oração é o silêncio, entendido como possibilidade de ir além do ruído, do movimento. Na vida de sua comunidade e pessoalmente, existe um espaço de silêncio orante diário? Que dificuldades se apresentam e o que se poderia fazer para resolvê-las?
2. Um segundo momento constitutivo da oração é a integração profunda do ser, em nível corporal, emocional e mental. Para alguns grupos e correntes, essa etapa chega a constituir a totalidade do tempo de oração, confundindo-se com práticas até de

---

7. WERNER, Claudio Pires, SJ, "Roteiro para revisão da oração", *Itaici*, revista de espiritualidade inaciana, 1990, pp. 9-12.

outras confissões religiosas, particularmente de influência oriental. Para outros grupos e correntes é considerada desengajada, alienada, centrada em si. Como você se situa diante desse momento oracional? O que você faz praticamente para vivê-lo?
3. Toda experiência de oração necessita de uma metodologia, de um caminho. Qual é o que a espiritualidade de sua congregação propõe, sem, é claro, confundi-lo com práticas devocionais?

2
A EXPERIÊNCIA DE DEUS: EXPERIÊNCIA DE ENCONTRO

1. Introdução

A experiência de Deus se fundamenta antes numa experiência de "encontro" de fé do que numa teoria da fé. A experiência religiosa do crente de hoje se expressa em presença vivida e encontro de comunhão pessoal. Conjugam-se vida e fé. A. Frossard, narrando sua experiência de conversão, diz: "Deus existe e eu o encontrei"[1]. Trata-se de uma descoberta pessoal de Deus que não nos vem do mundo da técnica, nem de abordagens filosóficas de Deus.

É o próprio homem que em sua busca e sua vivência acredita que "se pode experimentar Deus sempre e em qualquer situação, todas as vezes que descemos às profundezas da vida, onde ela apresenta brechas e se acha orientada para acolher o transcendente"[2]. Neste plano antropológico, a linguagem dos namorados se aproxima da linguagem do divino, como nas expressões de afeto, nas declarações de amor.

Anterior a tal plano, a revelação da experiência histórico-salvífica de Deus é captada pelo homem bíblico como presença de libertação, e no mundo cristão como oferta de salvação.

---
1. FROSSARD, A., *Deus existe e eu o encontrei*, Rio de Janeiro, Record, 1973.
2. BOFF, L., *Experimentar Deus hoje*, Petrópolis, Vozes, 1974.

Na unicidade e totalidade do seu ser, o cristão experimenta Deus quando as exigências da fé já não lhe vêm apresentadas na força da lei, mas assimiladas na experiência do "encontro pessoal" com o Deus vivo, pessoal e próximo, na pessoa de Jesus de Nazaré. Nasce um pólo de atração que faz a meditação da Palavra de Deus, a participação dos sacramentos chegarem a ser experiência de fé.

Daí a importância de restabelecer a pedagogia religiosa. Ela nos vem dos Santos Padres, como "mistagogia" — revelação do mistério —, e restitui ao cristão, outrora situado numa religião em que pesavam leis e normas, a relação afetivo-pessoal com o divino, na pessoa de Jesus Cristo.

É em nome dessa mistagogia que tentamos refletir como desencadear um processo mistagógico que pudesse vir ao encontro de todos quantos desejam cultivar e aprofundar sua relação pessoal com o Deus vivo e verdadeiro.

2. PEQUENAS LIÇÕES MISTAGÓGICAS

Integração do ser a partir da Escritura

"Amarás o Senhor, teu Deus, com todo o teu coração, com todo o teu ser, com todas as tuas forças" (Dt 6,5). É esta mais uma passagem da Escritura em que o Senhor Deus confirma sua aliança com a criatura humana. É na totalidade da pessoa que deve brotar uma resposta total: resposta do *coração* consciente e ciente das exigências do amor; resposta da *alma*, isto é, do ser; resposta dada na *força* da vida, na ação e na prática do dia-a-dia.

Linguagem semelhante usa a liturgia para expressar a riqueza dos sinais e dos símbolos: celebrar com *o corpo, a alma e o espírito*.

O *corpo* é forte expressão de sinais: olhos fixos, abertos ou fechados; ouvidos à escuta de músicas, de cantos ou do próprio silêncio; as mãos, ora postas, ora elevadas; a postura corporal expressando os gestos mais diversos. O próprio salmista induz a tal participação do corpo:

"Elevai as mãos para o santuário" (Sl 134,2); "Chegarei ao altar de Deus" (Sl 43,4).

Os gestos e sinais expressos pelo corpo ganham vida e significado quando feitos com *alma* — ultrapassar o véu do corpo para, na memória e na lembrança de um coração sensível, encontrar a presença do gesto salvífico.

Enfim, celebrar com o *espírito*. Ora, "Deus é espírito, e por isso os que o adoram devem adorar em espírito e verdade" (Jo 4,24). Diz ainda o evangelista João: "O que era desde o princípio, o que ouvimos, o que vimos com os nossos olhos, o que contemplamos e nossas mãos tocaram do Verbo da Vida..." (1Jo 1,1), o que nos leva ao que podemos chamar de "sentidos espirituais" do homem novo, batizado em Cristo Jesus.

Este homem novo, na ordem da graça, chega ao estado em que a teofania é captada pelos olhos, pelos ouvidos e pelas mãos e demais sentidos. Deus é e permanece invisível aos olhos mortais. O homem, porém, com seus "sentidos espirituais", abre-se aos acontecimentos, às coisas visíveis e criadas; capta sua intenção primigênia, não para pronunciar-se sobre eles como uma teoria, mas para entendê-los pela sabedoria interior como reflexo da beleza e da grandeza Daquele que é o autor do resplendor do mundo. Os olhos da fé, aqui entendidos como visão de totalidade do ser crente, são os que fazem que as realidades do mundo ou da história ganhem novo relevo diante de quem as contempla. Dão-lhes novo sentido a respeito da história, da natureza da vida, dos acontecimentos. Desaparece a distinção entre o profano e o sagrado.

A Escritura é farta em usar a linguagem dos sentidos na dimensão espiritual. Moisés ansiava por ver a glória de Deus. Deus, porém, lhe diz: "Não podes ver a minha face, porque o humano não é capaz de me ver e continuar em vida... A minha face, porém, não pode ser vista" (Ex 33,20.23).

O salmista reza assim: "Oxalá escutásseis hoje sua voz" (Sl 94,7). A escuta supõe estar abertos, atentos, inteiros, com escuta exterior e interior. Há um longo caminho a percorrer para de tudo desembaraçar-se e libertar as capacidades receptivas. Escutar supõe descalçar-se, desnudar-se, saber escutar tanto a alegria, o gozo, como a dor. São sons que vêm de todas as direções: vozes humanas, cantos de pássaros, melodias, gemidos e, nestas vozes, a escuta do mistério entranhável de Deus. O próprio Jesus educa os seus para acolher a Palavra em abertura e atenção total: de espírito e de coração. Aceitar a revelação é ser todo "ouvido e coração": "Prestai, pois, atenção à maneira como ouvis" (Lc 8,18).

Também mediante o olfato acontece a comunicação com o divino. Fala-se do *altar de perfumes* (1Cr 6,34), da vida *conforme a lei* que exala aromas. "Como o incenso, exalai um bom perfume e florescei como o lírio" (Sr 39,14). São "ungidas", na Escritura, pessoas sobre as quais pousou a mão de Deus, a fim de exalar o espírito de Deus. "O Espírito do Senhor Deus está sobre mim: o Senhor fez de mim um messias" (Is 61,1; cf. Lc 4,16). Compreendemos então melhor a palavra de Pedro, referindo-se a Jesus: "Esse Jesus, oriundo de Nazaré, sabeis como Deus lhe conferiu a unção do Espírito Santo e do poder; ele passou por toda a parte como benfeitor, curava todos os que o diabo mantinha escravizados, pois Deus estava com ele" (At 10,38).

Muito familiar nos é a expressão: "Provai e vede como o Senhor é bom", que o celebrante pronuncia ao dar-nos o pão da Eucaristia. Outros tantos convites de Deus aparecem na Escritura para prová-lo e saboreá-lo. Ora é a lei de Deus que faz as delícias do paladar: Os preceitos do Senhor... "são mais desejáveis que o ouro, que todo o ouro fino; mais saborosos que o mel a escorrer do favo!" (Sl 19,11); ora convite a um banquete gratuito que leva ao conhecimento íntimo do Senhor Deus: "Ó todos, que estais com sede, vinde para as águas, mesmo aquele que não tem dinheiro, venha! Pedi cereais, e comei; vinde e bebei, sem dinheiro, sem pagamento, vinho e leite" (Is 55,1). O próprio Jesus, em seu gesto de amor extremo, se deu como comida e bebida: "Aquele que come minha carne e bebe o meu sangue tem a vida eterna" (Jo 6,54).

Nos escritos dos grandes mestres da vida espiritual, Santa Teresa de Jesus, Santo Agostinho, Mestre Eckart e outros, encontramos clara referência aos sentidos espirituais como expressão de comunicação íntima, pessoal e até amorosa com o Senhor. Santo Inácio de Loyola, ao colocar o Fundamento dos Exercícios Espirituais, diz que todas as coisas criadas foram presenteadas ao ser humano para ajudá-lo a "louvar, reverenciar e servir a Deus". Servir-nos de todo o nosso ser e de todas as coisas para chegar à plena maturidade em Cristo. Neste contexto, é bom lembrar de seu modo de orar chamado Aplicação dos sentidos. Diz Santo Inácio: "ver as pessoas com os olhos da imaginação"... "ouvir o que falam ou poderiam falar"... "sentir e saborear com o olfato e o paladar a infinita suavidade e doçura da divindade"... "sentir com o tato, assim como abraçar e beijar"... (EE 121-125).

Integração do ser a partir das ciências humanas

Acredita-se que só é possível uma experiência mística profunda com paz e tranqüilidade, pois a oração profunda se dá no nível Alfa, com ondas de 7 a 14 ciclos cerebrais por segundo. É lenta e suave, produzida através da pacificação física e mental. Produzi-la é aprender a substituir o movimento físico e mental reflexo da tensão pelo da relaxação e da pacificação. No nível Alfa, a pessoa consegue ir para sua profundidade interior, para seu EU mais profundo e ter percepções mais intensas a respeito de si e de Deus. Neste nível é que está o segredo de todo o autocontrole e do aproveitamento máximo de todas as nossas potencialidades. Conseguimos estar num estado de tranqüilidade e, por conseguinte, de recolhimento do corpo e dos sentidos, de recolhimento afetivo e de recolhimento e silêncio mental.

Perguntamos, então, o que nos faz não estar em paz, não estar em tranqüilidade? Somos seres humanos de relativa complexidade, custa-nos viver integrados, chegar à maturidade humana; possuir-nos, estar na posse de nós mesmos é uma conquista. No contexto do tema — experiência de Deus — como expressão da totalidade da pessoa e da pessoa situada, é imprescindível não só conhecer-se, mas trabalhar-se em busca da integração. Restam, por vezes, a limpar, a desbloquear, áreas que impedem penetrar em nossa intimidade mais profunda, em nossa solidão existencial, lá onde somos nós mesmos e nos sentimos únicos e irrepetíveis.

Exercícios dos sentidos corporais

Apresentamos a seguir exercícios dos sentidos. Acreditamos que são passos a conquistar para o caminho da integração. Podem desencadear um processo que avança para "águas mais profundas" — do visível ao invisível —, da natureza à graça, onde tudo se unifica e somos tudo Nele. Acreditamos também que se trata de um aprendizado a ser adquirido mediante a prática cotidiana. É neste dia concreto que vamos caminhando no seguimento de Jesus, isto é, na santidade.

1º EXERCÍCIO: AUDIÇÃO

Dedique este dia à audição. Durante todo o dia, com os seus afazeres que ele lhe traz, concentre-se nesse sentido. Não "pense" em ouvir, apenas ouça, escute. Escute cada som à sua volta. Separe cada um deles, um por um, até distingui-los como se estivessem sendo transmitidos por aparelhos diferentes. Ouça as nuanças de tom na voz de alguém. Ouça o espaço entre as palavras. Ouça um pensamento. Ouça uma folha caindo. Ouça o batimento do coração. Ouça seu sangue pulsando. Ouça suas células crescendo e se dividindo. Ouça o silêncio e permaneça ouvindo... ouvindo.

À noite, faça a memória do seu exercício. Pergunte-se como vivenciou o dia com este exercício de audição. Os exercícios são espaços que vão abrindo caminho para seu interior.

2º EXERCÍCIO: VISÃO

Durante o dia, concentre-se no sentido da visão, tanto do ponto de vista concreto — o que vê, enxerga com os olhos — como das coisas que nunca observaria em ocasiões normais. Veja tudo à sua volta, os lados, os fundos, os formatos, as linhas, os espaços entre as formas. Veja-se a si mesmo no espelho; veja algo que nunca notou antes, embora já tenha visto seu reflexo milhares de vezes. Veja o vazio e o nada. Veja o quanto você pode ver.

À noite, pergunte-se: qual foi minha reação diante da experiência do sentido da visão? Recorde-se das ocasiões em que você se abriu ou se fechou a estes sinais-mensagens que podem conduzi-lo à posse de si mesmo.

3º EXERCÍCIO: TATO

Concentre-se no sentido do tato ao longo de todo este dia, sem pensar nisso, apenas percebendo o que lhe é transmitido por ele. Toque alguma coisa e procure algo que nunca sentiu antes: a espessura, a textura, a maciez ou a dureza. Toque e sinta com outras partes do corpo, não somente com as mãos: use, por exemplo, a face ou os dedos do pé. Toque a grama, o soalho... toque o quente, o frio, o morno. Toque sua vida; toque o céu; toque em você, sentindo suas mãos uma de encontro à outra, o braço, o encontro do corpo com o assento ou o espaldar da cadeira.

À noite, pergunte-se: como foi minha experiência hoje?

4º EXERCÍCIO: OLFATO E PALADAR

Passe o dia prestando atenção nos sentidos do olfato e do paladar. Não pense neles; só os perceba. Cheire o jornal, a terra molhada; cheire alguma coisa que nunca pensou em cheirar antes. Veja uma flor e procure sentir seu sabor, outra flor e outra. Saboreie o ar; saboreie a cor. Saboreie um alimento que nunca comeu antes; depois algo que já comeu milhares de vezes e procure sentir nele um gosto novo.

No final do dia, dê-se conta de como vivenciou estes sentidos.

5º EXERCÍCIO: OS CINCO SENTIDOS

Passe um dia inteiro utilizando plenamente seus sentidos, tanto de maneira física-concreta como não-física-abstrata — sem pensar neles. Sinta o que vê... Saboreie o que toca. Cheire. Veja sem usar os olhos. Ouça o silêncio. Sinta a sensação que não é física. Saboreie o instante em que está. Cheire os acontecimentos. Vivencie novas percepções com sentidos que nunca usou para determinadas coisas.

Avalie-se: você aprendeu algo de novo sobre suas percepções? Qual de seus sentidos é o menos desenvolvido? Dar-se conta... Isto lhe dará pistas sobre si mesmo e abrirá novos caminhos para outras explorações. Aprendendo a conhecer sua sensitividade, você poderá melhorá-la e perceber sutilezas; por exemplo, a sua voz interior, a voz Daquele que é fonte de suas percepções.

6º EXERCÍCIO: SENTIR-SE EM HARMONIA COM AS CRIATURAS

Alguns santos, como São Francisco de Assis, São João da Cruz e outros, tiveram uma especial sensibilidade para perceber a voz das criaturas, a voz de toda a criação que louva a Deus. Neste exercício você também pode sensibilizar-se neste encontro com as criaturas.

Tape seus ouvidos com os polegares, de modo que com os outros dedos você possa cobrir os olhos. Concentre sua atenção no som de sua própria respiração. Permaneça assim durante dez respirações completas. Depois, solte suas mãos lentamente para a posição normal. Ao descobrir os ouvidos, comece a prestar atenção aos sons que lhe chegam de fora. Procure ir ampliando o campo de percepção para ir ouvindo os sons mais sutis, os mais distantes. Trate de diferenciá-los, sem pôr-lhes nome, mas simplesmente senti-los em suas diferentes qualidades: agudez, ritmo, duração etc. É importante não opor resistências aos sons. Deixe-os entrar em seus ouvidos e em você mesmo, sem qualificá-los e sem resistir-lhes. Procure descobrir a harmonia que existe em todos os sons, por mais discordantes que possam parecer. Dê-se conta de que algum som se destaca dos demais. Depois trate de descobrir o silêncio que existe no interior de cada som. Repouse nesse silêncio. A partir desse silêncio, quando você já não opõe resistência nenhuma aos sons, quando já está sem tensões, procure entrar em sintonia, isto é, em ressonância com eles. Identifique-se com eles. Deixe-os ressoar no seu interior, como se você mesmo o estivesse emitindo. Todo o seu ser vibra nesse ritmo e nesse compasso. Agora se dê conta de que todos os sons são o canto de louvor que as criaturas elevam a Deus: o pássaro canta, o inseto zumbe, o vento silva, as máquinas emitem ruídos. Tudo é um hino ao Criador de TUDO. Una-se a este hino. Louve a Deus com a voz das criaturas. Faça sua essa voz e conscientize-se desse LOUVOR sem palavras, sem conceitos, somente um canto universal, inarticulado, majestoso. Permaneça nesta atitude de sintonia com os sons e de louvor a Deus pelo tempo que lhe for possível.

7º Exercício: aceitação de si mesmo

Observação: Você precisa aprender a perceber-se e a perceber os outros para além dos cinco sentidos. Não basta escutar alguém "por fora"; é preciso saber escutá-lo "por dentro". Daí a necessidade de treinar-se para ver para além dos olhos, ouvir para além dos ouvidos, pois é preciso perceber a vida em níveis mais profundos do que o óbvio.

Faça silêncio dentro de você por meio de uma técnica de concentração e/ou de pacificação.

Contemple a sua vida durante alguns momentos. Aceite-a com tudo o que ela foi ontem e hoje. Aceitar significa que a realidade é algo que me tem sido dado, é receber a Providência de Deus. Somente se pode amar uma realidade quando se aceita essa realidade tal como é. Posso e devo querer que tal realidade se modifique, que melhore; porém, terei que partir da realidade tal como ela é. Somente quando se aceitam as coisas, as pessoas e o próprio Deus assim como se nos apresentam — tais como são —, só então temos a possibilidade de melhorar e de mudar. Fale consigo mesmo, fale com Deus sobre o seu eu único, seu eu psicológico, seu eu espiritual, seu eu histórico. Aceite-se e entregue ao Senhor suas frustrações reais ou imaginárias, seus ressentimentos; não raro, eles são muleta para, no fundo, não caminhar e ter motivos de queixas. Seja livre, reconcilie-se consigo mesmo e comece a caminhar. Tome consciência de seu corpo, de sua inteligência, de sua vontade, de seus sentimentos e dê graças por tudo de bom que já realizou e viveu com esta realidade.

8º Exercício: aceitação do outro

Faça silêncio dentro de você. Adote uma posição tranquila, cômoda, atenta. Deixe passar diante de você todas as pessoas que o têm amado e que o amam hoje. Receba e assimile o amor que elas lhe devotam. É um amor puro, desinteressado, que não o prende e deixa você completamente livre. Desfrute a alegria de sentir-se amado. Demore-se na experiência dos olhos da pessoa que lhe tem amor, na expressão de seu rosto, de seus gestos. O outro também é pessoa amada por determinado círculo de pessoas. Deixe que ele seja... que exista, que tenha seu espaço vital. Deixe agora passar por você e pelo outro a pessoa de Jesus. Ele ama você, Ele ama aquele outro, tal qual como é, e o ama assim como ama você. Ele tem amado você e amado o outro sempre, todos os dias, independente dos atos praticados. Assim é o amor de Deus. Deixe-se amar e deixe que Ele ame o outro; então nascerá em você, e nascerá no outro, uma fonte de serenidade e paz.

Tenha bom relacionamento consigo mesmo, já que Deus se relaciona sempre bem com você. Assim deixará entrar em você o amor de Deus e o amor ao outro.

3. Contemplar através dos sentidos de Jesus

Ao falar da necessidade de cultivar, de educar os nossos sentidos, queremos dizer que eles são uma pista que conduz ao sagrado. Desenvolvê-los neste sentido implica o envolvimento de todo o nosso mundo interior.

Ver a Deus, ouvir a Deus, cheirá-lo, saboreá-lo e tocá-lo... é possível? O evangelista João parece responder: "O que ouvimos, o que vimos com nossos olhos, o que nossas mãos tocaram do Verbo da Vida..." (1Jo 1,1).

A capacidade de "escutar" para além de ouvir, a capacidade de "ver" para além do olhar, a de "saborear" para além do simples paladar, a de sentir o suave "odor de Cristo" crescem com a maturidade da pessoa. É algo a integrar em nossa proposta de viver mais plenamente.

Nesta ótica, o Evangelho nos convida a observar Jesus adulto, assíduo escutador; seus olhares revelam que era um homem perfeitamente equilibrado.

Jesus e seus olhares

A maioria das pessoas olha, mas não vê, não observa. Ver é olhar com a intenção de estabelecer contato. Fazemos muitas vezes a experiência de conhecer uma pessoa perscrutando seu olhar mais do que a ouvindo falar. Diz Jesus: "A lâmpada do corpo é o olho. Se, pois, teu olho está são, teu corpo inteiro estará na luz" (Mt 6,22).

Os olhares de Jesus sabiam ver, compreender, comunicar. Um olhar que observa a viúva e diz: "Em verdade, eu vos digo, esta viúva pobre depositou mais do que os que depositam dinheiro no cofre" (Mc 12,43). Seu olhar é atento, sensível, sereno: "Olhai os pássaros do céu..." (Mt 6,26). "Aprendei dos lírios dos campos, como crescem, não se afadigam, nem fiam" (Mt 6,28). Um olhar de quem sabe ver e decifrar a natureza, o plantio: "Ai de vós, escribas e fariseus hipócritas, que pagais o dízimo da hortelã, do funcho e do cominho" (Mt 23,23).

No rosto de Jesus brilha o olhar do homem sábio, do homem autêntico conforme o plano de Deus. É o olhar de quem atinge o coração e vê o que está no íntimo do homem. Em Zaqueu, os demais vêem o pecador, o publicano, o ladrão; Jesus, porém, quando chegou àquele lugar, levantando os olhos, disse: "Zaqueu desce depressa: hoje preciso ficar na tua casa" (Lc 19,5).

Seu olhar sabe fazer exigências. O jovem rico lhe dirige a pergunta: "Bom Mestre, que devo fazer para ganhar em herança a vida eterna?... Jesus fitou-o e começou a amá-lo" (Mc 10,17.21). Contemplemos o olhar comovente de Jesus ante a negação de Pedro. "O Senhor, voltando-se, pôs os olhos em Pedro; e Pedro se lembrou da palavra do Senhor, que lhe dissera: 'Antes que o galo cante hoje, tu me terás negado três vezes'. Ele saiu e chorou amargamente" (Lc 22,61-62).

Quem tem ouvidos para ouvir, ouça (Mt 13,9)

O homem tem a capacidade de "escutar", a capacidade de perceber mensagens que vêm de fora. Escutar é mais do que ouvir. É uma atitude interior para acolher, compreender, sentir... É preciso criar condições para o ato de escutar: o *silêncio* de outros sons, mensagens e barulhos, a fim de ligar o sistema receptor a quem nos fala; a escuta requer *respeito* por quem fala, pondo à disposição o seu tempo e a sua atenção; *humildade*, considerando os outros no nosso nível; e também *paciência* para conceder ao outro o tempo de que precisa para exprimir-se.

Escutar merece ser um aprendizado em nossa vida. Para quem sabe escutar, tudo fala e a todo o momento: as estrelas, o vento, as árvores, os mares com seus bramidos, as nuvens, as pessoas.

É Jesus quem diz: "Quem tiver ouvidos, ouça!" (Mt 13,9). Após trinta anos de silêncio, Jesus começa sua vida de itinerante abrindo o ouvido dos surdos e desatando a língua dos mudos. "Quanto a vós, felizes os vossos olhos porque vêem, e vossos ouvidos porque ouvem" (Mt 13,16).

Jesus mesmo faz o que ensina. A escuta da palavra do Pai é uma constante na sua vida. "Mas aquele que me enviou é verídico e o que eu ouvi junto dele é o que declaro ao mundo" (Jo 8,26). Atento sempre ao Pai, o ouvido de Jesus é capaz de estar atento aos pedidos de ajuda das pessoas mais necessitadas.

Após a transfiguração, seguido de uma multidão, ouve-se um grito: "Mestre, eu te rogo, põe teus olhos sobre meu filho, pois ele é o meu filho único" (Lc 9,38). O grito do pai angustiado com a doença do filho atrai a atenção e o olhar de Jesus. E a resposta ao grito ouvido é a cura do menino, entregue agora sadio ao pai.

Em Jericó, Jesus é sensível ao grito desesperado de Bartimeu. A multidão irrita-se, manda calá-lo. Jesus pára, manda chamar o cego e cura-o (Mc 10,46-52). Durante a viagem para Jerusalém, entra numa aldeia da Samaria. Escuta o grito que lhe vem de longe. São dez leprosos que, à distância, levantam a voz e dizem: "Jesus, Mestre, tem piedade de nós" (Lc 9,13). Jesus ouve, olha para eles e lhes diz: "ide mostrar-vos aos sacerdotes" (Lc 17,14).

O ouvido de Jesus mostrou-se sempre sensível aos gritos dos pobres, dos sofredores, dos doentes; escutou e respondeu às perguntas sinceras que o povo lhe dirigia e às perguntas traiçoeiras dos seus adversários. Mas soube também tapar os ouvidos e calar. No processo de sua condenação, apresentam-se testemunhas que fazem acusações absurdas. "Nada tens a responder?" (Mt 26,62), pergunta-lhe irritado o sumo sacerdote. E diante de Pilatos: "Não ouves todos esses testemunhos contra ti?" (Mt 27,13), insiste o governador.

Cristo, o bom odor

Se Cristo é o bom odor, o cristão é o bom odor de Cristo.

Qualquer aroma é um prazer para o sentido do olfato. A Bíblia não é alheia a esse sentido. A oração é como o odor que perfuma os ambientes em que o orante se encontra. Paulo diz que Cristo é o bom odor, a graça suprema que veio morar entre nós. Ele é a própria fragrância, entrega-se aos outros como o ar a quem o queira respirar.

As pessoas e, sobretudo, as comunidades exalam um odor perceptível ao seu redor; são ambientes que cativam e atraem; neles reina a acolhida, a afabilidade, o compromisso, a simplicidade. É sempre agradável demorar-se. Ao contrário, existem ambientes de clima irrespirável, com mau odor; atmosferas arrogantes, orgulhosas, vazias. Assim Paulo nos estimula e, ao mesmo tempo, nos adverte: "De fato, nós somos para Deus o bom odor de Cristo, para os que se salvam e para os que se perdem; para uns, odor de morte que conduz à morte; para outros, odor de vida que conduz à vida" (2Cor 2,15-16).

Provai e vede como o Senhor é bom (Rito da Comunhão)

O sentido do paladar parte de um sabor e nos conduz a um saber. É um gostar que tem a ver com sabor e com saber, uma porta corporal da sabedoria. "Provai e vede como o senhor é bom". "O dom da sabedoria é o dom do bom gosto nas coisas do espírito" (C. G. Vallés).

Nas Escrituras aparecem muitos convites de Deus para prová-lo, saboreá-lo: "és doce como o mel". Jesus mesmo nos remete ao gosto, ao paladar, quando na Última Ceia realiza seu gesto de supremo amor: "Tomai e comei... bebei..." É como se dissesse: "comei-me, bebei-me". E em outra passagem. "Aquele que come a minha carne e bebe o meu sangue permanece em mim e eu nele" (Jo 6,56). É a máxima experiência gustativa, comer o Pão vivo, vindo da parte do Pai para transformar comida após comida, nossa substância terrena em substância divina, até fazer-nos um com Ele.

E ainda: "Eu vim para que os homens tenham a vida e a tenham em abundância" (Jo 10,10). Com certeza, Jesus quis nos transmitir a verdade de que a vida é o maior dom, e que é preciso gostar de viver.

Saborear a vida é apreciar o ar, o mar, a natureza, a arte, a música, a poesia, e a partir de tudo isso saborear o bom Deus.

É Jesus quem ainda nos diz: "Sois o sal da terra" (Mt 5,13). O sal dá gosto aos alimentos; mas aqui Jesus nos diz que devemos ser as pessoas de bom gosto. Entretanto, repletos da sabedoria de Deus, deveremos também, em meio ao mistério do mal, saber comer de pé: "Comê-la-ão assada ao fogo, com pães sem fermento e ervas amargas" (Ex 12,8), como o povo eleito.

"Quem foi que me tocou?"

A apreensão tátil se dá, sobretudo, pelas mãos. Pela mão, o corpo do homem entra em relação apreensiva com as realidades para perceber forma, peso, espessura, textura, movimento etc.

São inúmeros os relatos dos evangelhos em que o tato domina a ação de Jesus. Ora põe em pé o que está caído no chão, ora levanta quem está paralisado pelo medo, ora acaricia e abençoa, enfim, cura. Quando Jesus toca nas orelhas do surdo, este começa a ouvir (Mc 7,33). Quando toca nos olhos do cego, ele começa a ver (Mc 8,22). A mulher que há doze anos sofria de hemorragias aproximou-se para tocá-lo: "Se eu conseguir tocar ao menos suas vestes, serei salva" (Mc 5,28). Deixa os leprosos aproximarem-se dele, estende a mão e toca neles. Tomé pretende certificar-se do Ressuscitado: "Se eu não vir em suas mãos a marca dos cravos, se eu não enfiar o meu dedo no lugar dos cravos e não enfiar a minha mão no seu lado, não acreditarei" (Jo 20,25). E Jesus insiste para que Tomé o toque: "Aproxima o teu dedo aqui e olha as minhas mãos; aproxima a tua mão e coloca-a no meu lado, deixa de ser incrédulo e torna-te um homem de fé" (Jo 20,27).

Jesus não tem unicamente gestos de benevolência que pretendem confortar quem se sente marginalizado. Ele revela com isso o Deus próximo, bondoso, Pai de todos que se aproxima dos pecadores e afaga os excluídos.

Olhos, boca, mãos são chamados a comunicar o amor que somos e que recebemos como criaturas humanas, feitas à imagem e semelhança de Deus. Não é preciso ir muito longe. Basta aproximar-nos dos irmãos, dos pobres, dos desprezados, estar junto deles, tocá-los, acariciá-los; basta deixar que se aproximem, nos toquem, nos acariciem... para tocar e acariciar a Deus e sermos tocados e acariciados por Ele. Esta multidão de seres humanos menosprezados são o lugar oculto em que se esconde e se revela o Mistério do Deus-Conosco, o Emanuel.

3
OS DEGRAUS DA *LECTIO DIVINA*

A *Lectio Divina* é a leitura crente e orante da Palavra de Deus, feita a partir da fé em Jesus Cristo, que disse: "O Espírito vos recordará tudo o que vos disse e vos introduzirá na verdade plena" (Jo 14,26).

A expressão *Lectio Divina* vem de Orígenes. Ele diz que, para ler a Bíblia com proveito é necessário um esforço de atenção e de assiduidade. Atribui-se a Guigo, monge cartuxo (+1188), o mérito da sistematização do chamado método da Lectio Divina que contempla quatro degraus de um processo de oração, a saber, *a lectio, a meditatio, a oratio, a contemplatio*. São quatro fases da mesma experiência de fé, vivida, desde as origens da Igreja pelos cristãos que se dedicavam à leitura da Escritura. Sendo seu objetivo a união com Deus ou, melhor, uma experiência de oração, as quatro fases se interpenetram e interferem umas na outra. No século XIII, os novos tipos de Vida Religiosa, franciscanos, dominicanos, servitas, carmelitas e outros, ganham um novo vigor pelo uso da *Lectio Divina*.

O objetivo último *da Lectio Divina* é o objetivo da própria Bíblia: "Elas [as Sagradas Escrituras] têm o condão de te comunicar a sabedoria que conduz à salvação pela fé que há em Jesus Cristo. Toda a Escritura é inspirada por Deus e útil para ensinar, refutar, corrigir, educar na justiça, a fim de que o homem de Deus seja perfeito, qualificado para qualquer obra boa" (2Tm 3, 15-17).

Hoje, a Igreja (DV 25) recomenda com grande insistência a *Lectio Divina*. Ela é uma escola da Palavra, um meio para evangelizar. É citado, nesta Constituição, a célebre frase de S.Jerônimo: "A ignorância da Escrituras é a ignorância de Cristo". Diz Juan José Bartolomé, SDB(1): "Quem quiser ser ouvido ao falar de Deus, deve ter primeiramente falado com ele".

1. OS DEGRAUS DA TRADIÇÃO MONÁSTICA:
   LECTIO – A LEITURA,
   MEDITATIO – A MEDITAÇÃO,
   ORATIO – A ORAÇÃO,
   CONTEMPLATIO – A CONTEMPLAÇÃO.

1.1 – *Lectio – a leitura*

A leitura está ligada à atividade intelectual de compreensão, de entendimento das Escrituras e, por outro lado, à escuta de fé da Palavra que leva ao verdadeiro conhecimento. Numa feliz comparação, pode-se dizer: a leitura descobre o alimento e o leva à boca. É a matéria da meditação que vem sendo preparada.

A leitura é, pois, a escuta da Palavra de Deus na fé. É preciso, neste momento, ler e reler o texto, penetrar no seu conteúdo, a fim de que ela penetre o espírito da pessoa orante. Ler o texto em si mesmo, parar e envolver nele toda a atenção. Escutar e acolher sem refletir. Fazer a leitura com todo o ser, pronunciando as palavras com os lábios, com a memória que as fixa e com a inteligência que penetra no seu sentido. Descobrir de que forma inicia o texto e como termina, quais são suas articulações, o sujeito, os verbos, o tempo das ações, os adjetivos, os movimentos,etc. Este trabalho pode ser feito, sublinhando o que se descobriu no texto. Aos poucos, o texto começa a revelar uma riqueza não vista à primeira leitura. Pode-se ampliar a compreensão do texto com

---

1. Professor de Exegese Bíblica no Instituto Dom Bosco de Madri.

leituras paralelas indicadas à margem do texto. A leitura consiste, pois, em compreender o texto lido. Responder à pergunta: "O que diz o texto"?, pode ser uma ajuda para concluir esta etapa.

1.2 – *Meditatio* – *a meditação*

A leitura convida para a compreensão do texto. Na *meditação* quer-se descobrir a mensagem do texto. A pessoa entrega-se a uma refeição espiritual: mastiga, tritura, rumina a Escritura que se torna alimento e bebida. Passando da boca ao coração tem como resultado despertar o gosto, o sabor da Palavra. A ruminação demorada tem como finalidade levar a Palavra de Deus para a vida. Perguntar-se: "*O que diz o texto para mim?*, leva a descobrir os valores permanentes do texto ou seja os valores de Jesus Cristo. A *meditação* é feita com a inteligência, com a memória e o afeto, pois, os valores descobertos são acompanhados de sentimentos. Apela-se à reflexão e ao diálogo entre o orante e o Espírito. Que verdade ou mistério de Deus está revelando o texto lido e escutado? Como está iluminando minha realidade existencial mais profunda? O que está dizendo para a realidade da família humana? Que atitudes me sugere a mim? Quais modos de pensar e de agir reprova? Aconteça isto no diálogo orante, diferente do entregar-se a um exame de consciência.

1.3 – *Oratio* – *a oração*

A *oração* agora brota do coração tocado pela Palavra divina na leitura e meditação. A pergunta: "*O que o texto me faz dizer a Deus?*", direciona para o interlocutor da Palavra que caiu no coração do orante, em forma de convites, de inspirações, mensagens compreendidas na fase anterior. São a chave de partida para entrar em oração. São rezados, ora em forma de súplica, de louvor, de ação de graças, ora devolvidas com pranto e lágrimas e exultação no Senhor. Simplesmente, palavras fortes encontradas no texto, podem ser transformadas em oração, permeadas de fé, de amor e abandono no Senhor.

Em resumo: a palavra que foi dada compreender, a palavra saboreada é agora restituída em forma de oração.

1.4 – *Contemplatio* – *a contemplação*

A *contemplação* é o fruto natural a que se chega pelos passos percorridos até agora. É a experiência comum que a Escritura revela ao cristão que assim a busca; experiência de fé, não de uma visão. Silencia-se. É a oração do coração, relação íntima, pessoal; é encontro com o Senhor. É a experiência de fé pela qual, para além de palavras, dos sinais, dos fatos, das mensagens se chega a compreender que o Reino de Deus está presente em nós e Deus mesmo próximo de nós.

A *contemplação* é dom. Trata-se de um conhecimento contemplativo conforme fala Paulo: ..."que Cristo habite pela fé em vossos corações e que sejais arraigados e fundados no amor"...

Não é com o esforço de reflexão, mas com os olhos da fé e do amor que o coração agora contempla a face daquele em quem se acredita. É preciso saber esperar a hora do Senhor. É graça oferecida. Não é um débito.

No método da *Lectio Divina*, a *contemplação* consiste no fixar o olhar e o coração em Deus. Mesmo sem usar o termo contemplação, a Dei Verbum enumera as operações que a englobam: "Ao Deus que revela deve-se obediência de fé, pela qual o homem livremente se entrega todo a Deus prestando ao Deus revelador um obséquio pleno do intelecto e da vontade e dando voluntário assentimento à revelação feita por Ele. Para que se preste esta fé, exigem-se a graça prévia e adjuvante de Deus e os auxílios internos do Espírito Santo, que move o coração e converte-o a Deus, abre os olhos da mente e dá a todos suavidade no consentir e crer na verdade"(DV 5).

2. Os acréscimos a Lectio Divina tradicional:
CONSOLATIO – A CONSOLAÇÃO;
DISCRETIO – O DISCERNIMENTO;
DELIBERATIO – A DECISÃO;
ACTIO – A AÇÃO.

As etapas anteriores, no dizer do Cardeal Carlo Martini (2) costumam desdobrar-se em quatro outras partes, que descreveremos a seguir.

---

2. MARTINI, Carlo. Reencontrando a si mesmo. Paulinas, S.P, 1998. p. 60

Em última análise não são outra coisa do que o dinamismo interno a que chegou o orante no passo da contemplação.

2.1 – *Consolatio* – *a consolação*

É comum para nós cristãos chamarmos o Espírito Santo de "Paráclito", isto é, o Consolador. É ele o eterno orante dentro de nós. Se na contemplação, fase anterior, aconteceu o espaço para ouvir a voz do Espírito, ele pôde encher este espaço com a doçura da *consolação*. É ela, pois, na continuidade da contemplação, a alegria profunda e íntima que nasce da união com Deus, expressando-se em paz e serenidade. São Francisco de Sales expressaria este momento como de "fervor e devoção". Paulo usa o termo como um apelativo de Deus: "Bendito seja Deus... Deus de toda a consolação; ele nos consola em todas as nossas tribulações, para nos tornarmos capazes de consolar os que estão na tribulação, pela consolação que nós mesmos recebemos de Deus" (2or 1,3-5)

Na certeza, *a consolação* é uma alegria espiritual, acompanhada de paz, de serenidade, de gosto em prestar culto a Deus e pode expressar-se até mesmo no sofrimento. Ela pode, por vezes, estar velada e obscurecida por tentações, provações, aridez e desolação. Cabe aqui a exortação de Paulo: Se somos atribulados é para a vossa consolação e salvação que o somos. Se somos consolados, é para vossa consolação, que vos faz suportar os mesmos sofrimentos que também nós padecemos"(2Cor 1,6).

2.2 – *Discretio* – *o discernimento*

É bom perceber que as etapas citadas se entrelaçam de forma natural. É na consolação pelas coisas do alto que o orante é convidado a *discernir* ante os valores evangélicos encontrados. E a escolha acertada acontece no gosto interior por Jesus Cristo, na alegria de ser com Ele e como Ele. Deseja amar como Ele ama, perdoar como Ele perdoa. O orante vê em clara luz os valores antes descobertos e refletidos na meditação e sente-se fortemente atraído por eles, de forma a optar livremente em traduzi-los em sua vida.

2.3 – *Deliberatio* – *a decisão*

A decisão é o ato interior pela qual a pessoa decide-se pelos valores de Jesus Cristo antes descobertos, depois escolhidos e agora assumidos na graça da decisão.

2.4 – *Actio* – *a ação*

A Palavra de Deus acolhida e saboreada se traduz segundo o Espírito de Cristo no cotidiano da vida; é a oração continuada e a ação frutificada pela Palavra ouvida, ruminada e assimilada no coração, pois são inseparáveis as dimensões contemplativa e profética. É um viver como quem vê aquele que é invisível" (Hb 11,27). Oportuna é aqui a pergunta: *"O que o texto me faz viver"?* Torna-se evidente para o fiel orante o *"vem e segue-me"* de Jesus em qualquer circunstância cultural em que estiver inserido.

3. ETAPAS COMPLEMENTARES:
STATIO – A PREPARAÇÃO,
COLLATIO – A PARTILHA

O esquema publicado in "Tempo dello Spirito" traz ainda duas etapas que comentaremos a seguir:

3.1 – *Statio* – *a preparação*

Vivemos num ritmo ensurdecedor que torna difícil a entrada na dimensão espiritual. A atenção à Palavra exige calar o ser profundo para abandonar-se totalmente à ação divina.

Preparar-se, acolher-se para tornar a oração um relacionamento consciente e pessoal com Deus é atitude imprescindível na fase preparatória. Trata-se de criar um ambiente interior e exterior de santuário, acender, por exemplo, uma vela e fazer alguma reverência Àquele que está presente na Palavra.

As pessoas familiarizadas com a espiritualidade inaciana, lembramos aqui as chamadas "adições", referentes à oração, do Livro dos Exercícios Espirituais de Santo Inácio [EE 73-76] dando indicações pertinentes ao lugar, ao tempo, à participação do corpo na oração. O próprio Jesus chama a atenção para os aspectos ora comentados: "Tu, porém, quando orares, entra no teu quarto e, fechando a porta, ora ao teu Pai, no segredo..." (Mt 6,6).

Segue a epiclese, a invocação do Espírito Santo, pois, a Palavra só se torna viva pelo Espírito que nela está contido. A presença do Espírito permite à letra tornar-se espírito. É o Espírito, o criador da Palavra e enquanto ela segue o seu caminho, torna-a novamente viva e fecunda naquele que a escuta. Invocado assim o Espírito, a leitura passa a ser feita a dois, o orante e o Espírito santo. Abandonar-se ao momento do Espírito, unificar e recolher todo o ser e estar atento é colocar-se numa atitude de escuta em relação ao Senhor que nos fala.

3.2 – *Collatio* – *a partilha*

A partilha da experiência de Deus vem a ser um verdadeiro ato eclesial. De imediato faz lembrar a frase de Jesus: "Pois onde dois ou três estiverem reunidos em meu nome, ali estou no meio deles" (Mt 18,20).

É uma conversação espiritual em que na confiança e transparência se comunica a outrem a experiência vivida. Seu objetivo não pode ser outro do que encontrar uma ajuda fraterna seja no discernimento da ação de Deus naquele que a faz ou uma ajuda na forma do próprio relacionamento com o Senhor.

Quando a partilha da experiência chega a ser procurada intencionalmente com alguém para isso preparado e de forma sistematizada, estamos diante de um acompanhamento espiritual.

Esquema traduzido do italiano por Ir. M. Fátima Maldaner[3]

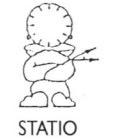

STATIO	LECTIO	MEDITATIO	ORATIO	CONTEMPLATIO
Preparação	Leitura	Meditação	Oração	Contemplação
"O Senhor lhe disse: Sai e permanece no alto da montanha, diante do Senhor: porque o Senhor vai passar" (1Rs 19,11). Oração é um ato que envolve toda a pessoa. É o gesto que rompe o ritmo das mil preocupações e conduz ao centro de nós mesmos: não pode ser visto como uma atividade entre outras. Precisamos ter força para sair do corre-corre cotidiano, coragem de parar um pouco no silêncio, desejo de entrar na presença de Deus e, sobretudo, da invocação do Espírito Santo, sem o qual a Escritura permanece letra morta.	*"Acaso minha palavra não é parecida com o fogo – com uma marreta que pulveriza a pedra?"* (Jr 23,29) Trata-se de ler com muita calma e atenção o texto bíblico. Se tenho invocado o Espírito Santo, é Deus mesmo que fala, enquanto leio a Palavra. Pode ser útil reler várias vezes o texto, sublinhá-lo, talvez decorar alguma expressão que me toca ou me surpreende. É essencial acolher tudo o que o Senhor diz, mesmo o que não faz meu gosto.	*"Quanto amo a tua Lei, todos os dias eu a medito"* (Sl 119,97). Não basta ler, porque a palavra desce ao profundo do coração. É necessário um paciente trabalho de meditação, uma lenta ruminação das palavras, das idéias, das imagens, enfim de tudo aquilo que a Palavra contém. É utilíssimo confrontar textos semelhantes da Escritura: um ilumina o outro. A verdadeira meditação tem início quando compreendo que O que fala e age na história sagrada é O mesmo que fala e opera na minha história pessoal.	*"Senhor, eu te chamei; depressa! Vem! Presta ouvido à minha voz quando te chamo"* (Sl 141,1). Se a meditação for uma verdadeira escuta da Palavra de Deus e não do próprio pensamento, ela gerará infalivelmente no coração o desejo de encontrar, face a face, O que falou pela Palavra bíblica vivificada pelo Espírito. Medita-se com o intelecto, mas reza-se, sobretudo, com o coração, num arremesso de amor com Aquele que, na meditação, se nos revelou, mais uma vez, como a fonte de todo o AMOR.	*"A descoberta das tuas palavras ilumina, dá discernimento aos simples"* (Sl 119,130). Aos poucos, as palavras cedem ao silêncio adorativo. A reflexão e a própria oração dão espaço ao puro amor. Esta etapa do caminho da oração não é alcançada toda vez que nos dispomos a rezar. A meditação sempre é possível, a contemplação não, porque é um dom da graça. E, se a contemplação não acontece, é preciso retomar a meditação, assim como o marinheiro se serve dos remos quando o vento não vem mais inchar as velas.

---

3. Revista *Tempi dello Spirito*, nº 1 (Gennaio-Marzo, 1997), ano XXXIII, nº 128 dossier 2.

OS DEGRAUS DA *LECTIO DIVINA*

CONSOLATIO

Consolação

"Provai e vede como ele é bom" (Sl 34,9).

O primeiro fruto do encontro com Deus é a íntima alegria, a misteriosa e inefável paz que o ser humano experimenta diante do mistério do amor de Deus. É este o momento propício para tomar as grandes decisões que não devem ser mudadas em momentos de desânimo ou de desolação. O mau espírito procura levar à total desconfiança e à tristeza. "Mas eis o fruto do Espírito: amor, alegria, paz..." (Gl 5,22).

DISCRETIO

Discernimento

"Senhor, mostra-me teu caminho e eu me conduzirei segundo a tua verdade" (Sl 86,11).

Com o dom do conselho, o Espírito me sugere como interpretar as situações da vida pessoal, familiar, comunitária e social.

Trata-se de sintonizar-se com os pensamentos de Deus, de ler com fé também o livro da história que a Providência divina escreve com sabedoria e amor. É o Espírito que me ensina a compreender onde e como posso agir no mundo para preparar a estrada do Senhor.

DELIBERATIO

Decisão

"Vê: hoje ponho diante de ti a vida e a felicidade, a morte e a infelicidade... Escolherás a vida para que vivas, tu e tua descendência" (Dt 30,15.19).

A oração não deve parar numa contemplação inerte, que gratifique o meu próprio desejo de religiosidade sem transformar-me o coração. Peço ao Espírito o dom da fortaleza para que saiba decidir-me a realizar as escolhas evangélicas e os propósitos que brotaram do discernimento. Com freqüência, é nas pequenas coisas de cada dia que se constrói uma plena fidelidade ao chamado de Deus.

COLLATIO

Partilha

"Repetirei teu nome aos meus irmãos e te louvarei em plena assembléia" (Sl 21,23).

Quando é possível, é de grande vantagem partilhar o fruto da oração com os irmãos no caminho da fé.

Não estou sozinho a procurar o rosto de Deus: somos, ao contrário, Igreja, comunhão de pessoas chamadas a crescer juntos na caridade. As graças que o Senhor concede a cada um, sobretudo as espirituais, não são posse privada, mas dons oferecidos para a utilidade comum.

ACTIO

Ação

"Assim, todo o que ouve estas minhas palavras e as põe em prática pode ser comparado a um homem sensato, que construiu a sua casa sobre a rocha" (Mt 7,24).

Se, na verdade, acolhi a Palavra, se tenho me deixado conquistar pela sua força, não é possível que tudo termine ali, ao final da oração. Se completei com amor o percurso da *Lectio Divina*, o meu "agir" será animado pelo sopro do Espírito. Então dizer que a minha vida é oração não será mais um cômodo "álibi" para fugir ao empenho na oração, mas o transbordar da caridade divina, em cada gesto meu.

4

CONTEMPLAÇÃO PARA ALCANÇAR O AMOR
(EE 230-237)

A Contemplação para Alcançar o Amor é proposta no final dos Exercícios Espirituais; não é, porém, como que a oração final dos Exercícios. Por um lado, ela recapitula os Exercícios e, por outro, descreve o estilo de vida do cristão, a atitude daquele que, saindo dos Exercícios e, neles, fortemente marcado pelo amor de Deus, retoma o seu lugar nas atividades da sua vida diária. Convém desenvolver estes dois aspectos para compreender o verdadeiro significado da contemplação na perspectiva de Santo Inácio.

1. "A RECAPITULAÇÃO"[1]

1.1. A recapitulação dos Exercícios Espirituais é feita seguindo quatro pontos, que contêm o itinerário dos Exercícios, enfocados a partir do amor de Deus. Quer ser uma recordação dos momentos privilegiados que

---

1. *Exercícios Espirituais de Santo Inácio*, CECREI, 4ª ed., Porto Alegre, 1966, p. 145 — anotação do Pe. Géza Kövecses, SJ. A nota explicativa n. 1, referente à Contemplação para Alcançar o Amor, diz: "Este exercício é uma recapitulação sintética dos Exercícios inteiros". Trata-se aqui de ampliar os quatro pontos, incluindo neles o conteúdo dos Exercícios dos trinta dias, à maneira de como é feita a oração de repetição inaciana, lançando um olhar global sobre o itinerário percorrido.

afetaram o "coração" (re-*cor-dar*) e fizeram viver experiências especiais da graça no decorrer dos Exercícios Espirituais, agora já em perspectiva do cotidiano ao qual se integram. Deus é amor, é sua definição por excelência, conforme São João. Tudo o que Ele é e faz tem sua razão de ser no amor. Deus não tem nada, porque Ele é tudo; logo, dá tudo, isto é, dá-se a si mesmo. Daí o termo amor, que permeia os quatro pontos, apontar para três atitudes vivenciais significativas: amor-ação, amor-comunicação, amor-serviço.

Um primeiro olhar amoroso é dirigido a Deus, doador de dádivas, que enche o universo com o esplendor de sua glória, preenche com toda sorte de benefícios o homem, criado à sua imagem e semelhança e, decaído, oferece-lhe a redenção, em Jesus; um pecador amado por Deus pedia humildemente que o Senhor dele afastasse tudo o que o impedisse de realizar a vontade do bem-amado. É o que o exercitante fizera no Princípio e Fundamento e na Primeira Semana. Ao amor que dá só resta uma atitude: responder com um amor desinteressado.

Num segundo momento, movido pelo amor, o olhar se dirige a Deus que habita nas criaturas. Contempla-se a criação em linha evolutiva ascendente: dos elementos mais simples à complexidade da criatura humana. À medida que a criação evolui, mais visível e transparente torna-se a presença de Deus nela. Santo Inácio contempla aqui, de forma singular, a ordem da graça, como a mais alta evolução do mundo criado; a ordem natural e sobrenatural existe à medida que traz os traços da segunda pessoa divina. Todo o universo tende à transfiguração e encontra em Jesus Cristo o ponto final: *"Ele é a cabeça"*.

Enquanto o homem sente, vive e pensa, consuma-se nele a vida divina, a vida do próprio Deus. O que significa, pois, traduzir na existência humana esta inabitação de Deus na criação? A presença de Deus no mundo é tão grande e poderosa e, ao mesmo tempo, tão despretensiosa, que não raro é somente percebida no esforço continuado do homem que ora. É um modo de estar presente que encanta pela ternura e pela discrição, passível de imitação nos gestos desinteressados de quem comunga a vida do outro, suas dores e suas alegrias. Aqui se dá a recapitulação, de forma plena, da Segunda Semana dos Exercícios.

Em mais um passo, olha-se para Deus que trabalha. Para Deus que não só dá os seus dons, não só habita o mundo, mas trabalha no interior dos seus dons, no interior do mundo, a fim de levar todas as criaturas à sua plenificação em Jesus Cristo. Um longo advento prepara a chegada de Deus a este mundo em Jesus, o Filho de Deus, Verbo encarnado, que trabalha na história, anuncia o Reino e denuncia o anti-Reino. Trabalha e se cansa. Experimenta medo. É pregado na cruz. Como trabalha e age para nós nos elementos, nas plantas, nos frutos, nos animais, nos homens, naqueles que nos compreendem, nos aceitam na amizade ou entram em contato conosco em qualquer circunstância.

Semelhante a este Jesus, o homem deve ser-para-o-outro. Estar *preocupado* com o outro talvez expresse a forma mais radical do amor de Deus. É seu desejo que o cristão adote tal postura de humilde serviçalidade e assim vá ao encontro do triste, do sofredor, do desafortunado, e procure minorar a sorte do mundo conturbado pela dor.

Enfim, no quarto ponto, considera-se Deus que desce... e, nele, todos os bens descem do Alto. Vem e vai, num movimento incessante de descida e subida. Desce e se despoja do seu poderio e assume o insignificante aos olhos dos grandes do mundo, se faz um entre os pequenos em Jesus de Nazaré — homem-para-os-outros —, aquele que vence o próprio poder da morte. O cristão, plenificado no poder da ressurreição e na participação dos seus sofrimentos, poderá lançar na existência humana as obras de justiça, de bondade, de piedade e de misericórdia; com sua luz poderá perscrutar a cegueira da auto-suficiência de um mundo que nega o Absoluto. Assim acontecerá àquele que suplicar pela graça que virá do Alto.

Esta contemplação contém, no seu conteúdo, todo o dinamismo da espiritualidade apostólica. Reconhecer o amor de Deus do qual tudo procede e para o qual tudo retorna, sentir-se tão envolvido por este amor e encontrá-lo em todas as coisas é o fruto por excelência dos Exercícios Espirituais, o qual tende a amadurecer para fazer do cristão um contemplativo na ação. Muito mais do que entregar-se a uma contemplação como exercício de oração, propriamente dito, trata-se aqui de um modo de ser do cristão, que assume a obra de Deus, contemplada em Cristo ressuscitado, a fim de palmilhar o caminho de Jesus, seguir os seus passos e o seu estilo de vida. Iremos desenvolver este aspecto na segunda parte de nosso texto. Sobretudo, não se trata de uma simples reflexão sobre o amor de Deus, mas de uma graça a ser pedida insistentemente, a graça do conhecimento interior das maravilhosas obras do amor de Deus (EE 233) e, tendo-as reconhecido, prorromper em ação de graças, em oferecimento e entrega de si, em retribuição a tão grande amor. Daí a propriedade da oração "Tomai, Senhor, e recebei...".

1.2. *"Tomai, Senhor, e recebei..."*

Após a oração de cada ponto da contemplação para alcançar o amor, Santo Inácio propõe a recitação da oração: "Tomai, Senhor, e recebei..." Para Santo Inácio, ela traduz sobretudo a atitude do cristão ao assumir novamente as tarefas de sua vida diária. A oração é uma oblação irrestrita, uma entrega total ao Senhor, como que o fruto por excelência de quem fez os Exercícios. Ora, entrega assim é a atitude fundamental que direciona a vida do cristão. É a entrega ao Senhor, no reconhecimento da própria pequenez como criatura ante aquele que é o Absoluto, o Soberano, o Santo, que mora na luz inacessível. Ao mesmo tempo, sente o orante desta prece o desejo imenso de aproximação e de gozo desta mesma santidade. Vê em Deus a origem e o fim do homem e, nele, a origem de todo o universo, a fonte de vida, sentindo que a total dependência é a atitude mais condizente para seu existir, no futuro. Colocando-se nessa atitude, percebe que as criaturas todas lhe falam de Deus e nelas ele encontra Deus. Nasce assim uma atração para Deus: a observação mais atenta das criaturas evoca-lhe a lembrança do Senhor com mais freqüência. E, sendo Deus origem e fim de tudo, é Ele também a medida e a norma do homem, que então lhe responde por uma atitude de adoração, isto é, de serviço. Essa atitude nasce, por sua vez, da submissão da vontade da criatura à vontade de Deus. A oração de oblação é, nesse sentido, uma decisão que lança luz sobre toda a situação interna do exercitante. Tomai... recebei, verbos em forma imperativa, marcam desta maneira a entrega decidida de TUDO ao Senhor: é o homem nu, despojado diante do Senhor, que nada mais reserva para si. Ele faz a entrega de sua pessoa ao Senhor, consciente de que saiu das mãos de Deus e para Ele retornará.

A oração "Tomai, Senhor, e recebei..." acentua elementos que revelam as disposições interiores do cristão, não só nesse momento de entrada no cotidiano, mas que devem ser-lhe habituais em sua vida diária. Daí a razão do enfoque no novo modo de existir no mundo, desenvolvido na segunda parte deste trabalho.

Penetremos aqui, brevemente, nos elementos da oração a que fizemos referência acima.

"TOMAI, SENHOR, E RECEBEI..."

Por detrás de uma expressão simples: "Tomai... recebei...", se esconde uma atitude da mais autêntica fé, que tende a expressar-se na gratuidade do amor mútuo e, ao mesmo tempo, de grande liberdade interior. Esta convicção de fé faz com que a disposição interior do exercitante não possa ser outra a não ser a de total entrega, de oblação sem reservas: "Tomai, Senhor, e recebei..." A pessoa só pode querer com seu dom aquilo que quiser o autor e doador dos dons.

"... TODA A MINHA LIBERDADE..."

O maior presente de Deus ao homem foi o dom da liberdade. É a capacidade de ele produzir a forma definitiva, aquele que faz com que ele seja único, irrepetível. Por ser liberdade, é evidente que ela pode opor-se à conquista do definitivo, da plenitude do ser, não aceitando de maneira livre o que é proposto e exigido. Dispor-se a essa conquista é devolver este mesmo presente a Deus, no empenho de realizar aquilo que é reto, reconhecido como tal, sem nada reservar para si mesmo; não há mais lugar para egoísmos e caprichos da vontade própria; nele irá concretizar-se a vida autêntica anunciada por Cristo: "Quem quiser ganhar-se deve perder-se". Tal disposição interior faz com que nesse homem Deus conduza o mundo para onde Ele quer, para a plenitude.

"... A MINHA MEMÓRIA, O MEU ENTENDIMENTO
E TODA A MINHA VONTADE..."

Inquietações e lembranças que corroem a existência não têm mais lugar na memória; ela está agora repleta dos feitos do Senhor na vida do homem, límpida e transparente como a do recém-nascido. O entendimento, mais afeiçoado à ciência das coisas espirituais, não se deixe mais influenciar por sistemas e cálculos do mundo que procuram levar o homem para o poder, a honra e o prestígio. Enfim, a vontade nada queira a não ser aquilo que o Senhor deseja para este mundo, pronta a levar à humanidade a esperança de alcançar a plenitude para a qual o homem foi criado.

"... TUDO O QUE TENHO E POSSUO..."

O exercitante, reconhecido de que o seu ter — "o que tenho" — é um ter dado-recebido, faz a entrega de toda a sua riqueza interior; faz também a oferta do que "possui", isto é, os bens materiais que lhe dão segurança e subsistência. Caracteriza-o agora relativa despreocupação diante do Senhor que é providência e não se deixa vencer em generosidade.

"... VÓS MO DESTES; A VÓS, SENHOR, O RESTITUO..."

Tudo pertence a Deus. Ele é tudo em cada coisa. O que tem o homem que não tenha recebido? No reconhecimento de que tudo recebeu, tudo restitui. E, restituindo a Deus tudo o que é, dele recebe o bem maior: a vida divina, a graça, a vida eterna. Na troca entre ofertante e doador, nasce a vida que é vida da vida divina.

"... DAI-ME SOMENTE O VOSSO AMOR, A VOSSA GRAÇA..."

O exercitante que chega ao final dessa etapa é o homem liberto de tudo o que o afasta do seu Senhor e livre para tudo abraçar, que o conduz ao seu Senhor. O amor e a graça preenchem tanto a existência humana que todo o resto se torna secundário. Quer amar infinitamente porque se sente infinitamente amado. É aberto ao mundo e aberto a Deus. Saber dizer esta oração, no dia-a-dia de sua vida daqui para a frente, é saber viver na própria carne o parto do mundo que está por acontecer; fazer seus os gemidos da criação, da humanidade, do Espírito e tentar gerar a nova criação, enfim libertada, porque tentou ser nova criatura.

Em seu conjunto, a oração "Tomai, Senhor, e recebei..." parece situar o exercitante mais uma vez diante do Rei (EE 91), a quem jurou seguir, e no terceiro grau de amor (EE 167), quando decidiu renunciar a si próprio e a despojar-se de honra vã. A partir dessa oração, o cristão que sai dos Exercícios Espirituais é, segundo Inácio de Loyola, aquele que se entrega total e irrestritamente. Todo o desordenado está afastado. Assim está criado o espaço para o Senhor: sua graça e seu amor podem agir.

"Isto me basta, nada mais quero pedir."

Santo Inácio conclui a oração de forma semelhante à que fez outra grande contemplativa, Santa Teresa de Ávila, dizendo: "Isto me *basta*, nada mais quero pedir". O exercitante está para assumir a vida no cotidiano. Vislumbra imensos horizontes para pecorrer por novos caminhos, porque a graça nele atuou abundantemente, fazendo-o superar outras tantas dificuldades encontradas. Diante de tantos dons recebidos, o seu desejo fundamental é este: a sua fidelidade ao Senhor na realidade da vida. Integradas todas as dimensões do seu universo interior, goza a paz verdadeira. A oferta de si, neste momento, se reveste de total confiança na graça do Senhor, o eternamente fiel. É uma oferta de exultante ação de graças pelo amor experimentado, confiante de que esta mesma graça o acompanhará sempre.

2. A Contemplação para Alcançar o Amor:
um modo novo de existir no mundo

Essa contemplação deve acompanhar o cristão pela vida afora, levá-lo a ter uma visão de fé global sobre o mundo e o plano de salvação, em Jesus — contemplado durante trinta dias — e fazê-lo ver que sua tarefa, de agora em diante, é ser um contemplativo na ação. Supõe-se que tenha ocorrido como que um processo formativo nos Exercícios Espirituais, o qual terá sua continuidade na entrada no cotidiano. Pe. Nadal declara de Santo Inácio que "ele se tornara um contemplativo na ação". Teve uma visão mística da realidade e encontrou a síntese entre união com Deus, serviço da Igreja e engajamento no mundo. Essa síntese de vida entre ação e oração ele expressou na fórmula "buscar a Deus em todas as coisas". O objetivo é encaminhar seus seguidores para a ação e a vida, ensinando-lhes a encontrar Deus em todas as coisas. Subjaz a essa meta uma espiritualidade de serviço.

Foi também grande a experiência do exercitante, intensivamente iniciado nos Exercícios Espirituais, que deve prosseguir por um modo de ser espiritual que não é apenas uma dimensão de sua vida, cultivada em determinado momento; que sinta que toda a sua vida é espiritual, sem estabelecer dicotomia entre o profano e o religioso. Arraigado, fortemente, no Cristo, é-lhe possível agora encontrar Deus em tudo e em todos. Sendo um processo e vivendo no mundo, em sua atividade cotidiana, não é por empenho pessoal que isto acontecerá, mas com confiança na graça a ser pedida continuamente: "a graça de em tudo amar e servir" (EE 233).

Ao tratar do processo de formação espiritual iniciado nos Exercícios Espirituais, estamos perfilando toda a subjetividade do exercitante — sincero e fiel à experiência proposta — para sentir o que nele aconteceu durante os Exercícios. Os Exercícios se definem como um meio para a pessoa vencer a si mesma e ordenar sua vida sem determinar-se por afeição alguma desordenada. Ora, se eles são meio e não fim em si mesmos, logo o exercitante pode ficar sem esperançosa expectativa para algo que ultrapassa os momentos de oração profunda, aliada a consolações e/ou desolações durante os trinta dias. Ainda que isso devesse acontecer, houve outras expectativas, no passado experienciadas por Santo Inácio e, agora, de alguma forma, pelo exercitante. Em atitude contemplativa, o exercitante percorreu as Escrituras, no contexto seqüencial proposto nas quatro etapas dos Exercícios, repetidas agora no paralelo tão próprio e lógico entre os quatro pontos da contemplação para alcançar o amor e as quatro semanas dos Exercícios, assim concatenadas:

Semanas dos EE	Contemplação para Alcançar o Amor
P. F. e Primeira Semana	1º ponto
EE 23; EE 53-61 • O homem criado e amado por Deus • Deus salvador e misericordioso	EE 234 Deus, doador de benefícios • a criação • a redenção • dons particulares ao homem, senhor da criação
Segunda Semana	2º ponto
EE 169 • O Verbo habita entre nós • Mistérios da infância e vida pública de Jesus • Eleição para a comunhão com o Senhor	EE 234 Deus habita nas criaturas dá-lhes o crescimento a sensação o entendimento pelo seu poder
Terceira Semana	3º ponto
EE 191-209 • A paixão e morte de Jesus	EE 236 Deus trabalha nas criaturas • conserva-as na existência
Quarta Semana	4º ponto
EE 218 • Páscoa e Pentecostes	EE 237 Dando-se, Deus faz descer dons do Alto: a justiça a bondade a misericórdia

Ao penetrar no verdadeiro sentido dos mistérios, eles, por sua vez, penetram na trama da vida do homem, revelam o que está oculto e fazem ver o sentido que o próprio Deus colocou na existência humana. Nada de mágico costuma acontecer: os exercícios são, sobretudo, o resultado de uma profunda e singular experiência de Deus que o jovem Inácio de Loyola fez; achou por bem deixá-la consignada, a fim de que outros também nela se espelhassem para fazer a sua própria experiência de Deus. O exercitante é convidado a fazer uma série seqüencial de exercícios de contemplação da Escritura e deixar-se ler por ela.

No contexto em que estamos falando, é próprio considerar o que diz Orígenes a respeito da Sagrada Escritura: "Não são dois os livros que é necessário ler e comentar. É necessário ler e comentar um único, que tem duas formas. Se eu preciso da Escritura para me compreender, compreendo também a escritura quando a leio em mim mesmo. À medida que leio a Escritura, vou penetrar no sentido da Escritura; a Escritura me faz penetrar no íntimo do meu ser. Ela é, pois, o sinal que me revela a minha alma, mas o contrário tem também a sua verdade. Uma serve à outra como reativo. Todas as vezes que eu cavo em meu poço é no poço da Escritura que cavo, e assim a água que nasce do poço das Escrituras se confunde com a água do meu poço"[2].

O que acontece neste confronto entre vida e Escritura durante o tempo dos Exercícios Espirituais? Utilizemos a imagem da abelha. Ela se entrega a um incansável movimento de ida e volta. Vai à flor, nela penetra até o fundo do pistilo, suga e não pára até encontrar a substância adocicada... saboreia-a. Então volta para sua vida, para seu cotidiano, para sua casa. Transforma o que "saboreou". O resultado se dá no favo, esconderijo da própria intimidade, e é uma substância diferente, nova: o mel. E o beija-flor? Não é ele, na busca dançante em torno da flor, um símbolo do que tenta penetrar no íntimo do mistério, lá onde se dá a irrupção de vida, fonte de auxílio, nascimento de luz?

Semelhantemente, o exercitante, no tempo dos Exercícios, e/ou o cristão na vida cotidiana, sai do seu mundo, do seu horizonte existencial e vai em busca... pousa no mistério do Deus-Criador, nos mistérios da vida de Cristo, o Deus-conosco, horizonte maior que tudo ultrapassa. Tocado pelo mistério, volta à realidade com o olhar Daquele que o fitou, tocou e transformou. Tendo-se entregue à contemplação do mistério, o espírito humano se abre para o conjunto das realidades possíveis e nelas sabe decifrar a forma das coisas concretas tais como saíram das mãos do Criador. "Lendo" Deus, "lendo" a "Palavra", os olhos e os ouvidos são bem-aventurados (Mt 13,16); vivendo na adoração e contemplação de

---

2 Citação de LUBAC, H. de, *Histoire et Esprit — L'inteligence et de l'Écriture*.

Deus, saboreia, sente e escuta este mesmo Deus. Já então, em meio à própria experiência das coisas cotidianas, prorrompe na pessoa, não só a intuição, mas a experiência do Absoluto. Descobre o que se esconde por detrás das imagens da existência, das palavras, das coisas, dos acontecimentos da vida e de todas as criaturas. Nasce uma experiência única, genuinamente cristã: *encontrar a Deus em todas as coisas*. Tais intuições do divino, da presença de Deus em conexões sempre mais abrangentes, vão compondo um imenso mosaico, semelhante ao das catedrais românicas: o Pantokrator (o "Todo-poderoso"). "Encontrar Deus", isto é, "ler" Deus em todas as coisas é reviver a experiência de fascínio do Absoluto, nas vivências da existência cotidiana, é acolher o divino nas profundezas misteriosas de todas as vivências e sentimentos. É "ler" Deus no perdão, movido pela bondade e pela compreensão. É "ler" Deus na fidelidade a um amor, a uma amizade ainda quando não correspondidos. É "ler" Deus na solidão e na ausência da fraternidade. É "ler" Deus na sede de amor e de pureza, na tristeza e na própria imperfeição. É "ler" e traduzir Deus também nas atitudes da vida: sofrer com os que sofrem; rir com os que riem; alegrar-se com os que se alegram; permanecer ao lado dos oprimidos; entregar-se à necessidade de outrem, mesmo aos estranhos; ser agradecido por tudo; atender à verdade íntima do irmão... Ver assim as coisas foi a atitude de Cristo durante a sua vida. No cristão, renovado na fé pelos Exercícios, a busca de Deus, presente e ativo no interior do mundo, vai acontecendo de modo perseverante. Acontece pela sua própria presença e ação na sociedade. Acontece ainda pela descoberta da presença do Senhor que interpela, desafia e convoca a construir fraternidade e justiça, na realidade conflitiva da história.

Em suma, se pode haver "novos céus e nova terra" é porque alguém fez a experiência do Absoluto, do divino, que lhe deu olhos novos para tudo olhar de forma nova: o mundo, os acontecimentos, os relacionamentos, a história, a sociedade, as coisas. Enfim, tudo se reveste de uma nova aparência a partir do mistério. No dia em que um rapaz e uma moça se descobrem no amor mútuo, ainda que as coisas à sua volta em nada se alterem, passam a ser percebidas de forma totalmente nova, diferente. Assim, o cume da experiência de Deus se dá na fusão de horizontes: o grande horizonte, o do mistério, é trazido para o pequeno horizonte do cotidiano da criatura humana, e esta, tocada pela experiência do infinito, se funde numa divino-humana unificação: *"Tudo é d'Ele, tudo é por Ele, tudo é para Ele"*.

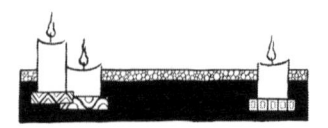

5
EXERCÍCIO DE ORAÇÃO PESSOAL CONFORME A *LECTIO DIVINA*

Texto: Jo 15,7-17

1. Preparação

Procure um bom lugar. Repouse um pouco o espírito, tranqüilizando o corpo, os pensamentos, as emoções, orientando todo o seu ser para o Senhor, como diz o salmista: "Meus olhos estão voltados para ti, Senhor!"

Acolha a presença de Deus; Ele conhece o seu nome, a sua história pessoal; conhece o momento que está vivendo: suas buscas atuais, as dificuldades, as alegrias, o seu estado de saúde... O Deus-Amor, o Deus da Vida tem um plano para a humanidade e para você em particular. Invoque a luz do Espírito Santo para entender bem o que Ele quer falar-lhe através da Escritura que você vai rezar agora; peça a graça de não ser surdo à sua voz mas disponível para atender aos desejos e apelos que lhe fizer

2. Leitura

Ler, pausadamente, o texto indicado. *O que diz o texto?*

A comunidade dos discípulos de Jesus está unida pelos laços do amor fraterno. Este é o fruto que deverá produzir. Jesus ama o Pai e ama os irmãos. O amor de Jesus ao Pai se traduz em cumprir o mandamento do Pai; o amor do cristão por Jesus se traduzirá em cumprir o seu mandamento, como adesão livre a Ele. Jesus é o amigo que dá a vida pelos seus.

3. Meditação

O que me diz o texto? Que afirmações, pedidos de Jesus chamam a sua atenção? Que ressonâncias esses pedidos produzem em seu coração? Quais são as suas reações espontâneas?

4. Oração

O que digo a Deus, a Jesus a partir do texto? Converse com Jesus — o Senhor todo bondade, amor e compaixão. Sem medo, sem máscaras! Fale de sua amizade ou de suas resistências. Perceba que, nesta passagem do Evangelho, Jesus fala de relações de amizade. A própria morte de Jesus — dar a vida — é ato de supremo amor. Deixe acontecer o encontro profundo entre Deus e você, entre você e Deus, duas pessoas, duas liberdades.

5. Contemplação

Nesta intimidade, silencie. Pare e saboreie. Entregue-se com total confiança. Caso você não chegar a esse momento de quietude e entrega, volte à meditação do texto, servindo-se de outras imagens ou idéias. Fale com o Senhor como um amigo fala com seu amigo.

6. Consolação

Deus pode presenteá-lo com a graça da consolação, cumulando-o, ora de paz, ora de alegria, ora de confiança e coragem, predispondo-o à generosidade no seguimento de Jesus.

7. Discernimento

O que o texto lhe faz dizer e viver? O que pede que você faça? Que frutos Deus espera de você? Deixe-se interpelar pelo Senhor. *Onde e como* testemunhar a Palavra que lhe revelou?

8. Decisão

Apareceram luzes, desejos, apelos durante a sua oração. Na fortaleza do Espírito, disponha-se a entrar no Projeto de Deus para você, neste dia que lhe é dado viver.

9. Partilha

Convidados a viver em comunhão de fé, é bom partilhar com os irmãos de caminhada aquilo que o Senhor lhe fez perceber nessa contemplação da sua Palavra.

10. Ação

Imagine! Pense qual será sua ação no dia de hoje, depois de ter se encontrado com a Palavra de Deus. Quando há amor, a observância dá gozo, alegria de viver. Finalize com um colóquio amoroso.

6
EXERCÍCIO DE ORAÇÃO PESSOAL: MEDITAÇÃO COM AS TRÊS POTÊNCIAS

MATÉRIA: SALMO 139(138)

Preparação e passos iniciais, como de costume

1. MEMÓRIA

Leitura, encontrando o meu alimento, por exemplo, nos seguintes versículos:
- v. 2: Javé, tu me sondas e me conheces... de longe penetras meus pensamentos.
- v. 13: Pois tu formaste os meus rins, tu me teceste no seio materno.
- v. 16: Teus olhos viam o meu embrião.
- v. 14: Eu te celebro por tanto prodígio e me maravilho com as tuas maravilhas.

Deixe ressoar um ou outro destes versículos, recordando (fazendo memória) a história maravilhosa de sua vida. Onde começou? Com que dons a vida o enriqueceu?

Repasse a história de seus sucessos e fracassos, sempre, porém, acarinhado pelo Senhor que o chamou à vida, à missão.

2. INTELIGÊNCIA (REFLEXÃO)

- Procure ver, sentir e compreender sua história em Deus, sempre presente: você "embrião", presente em seus pensamentos, em seu andar, em seu falar...
- Deixe que surjam pensamentos ou versículos semelhantes, por exemplo: "Chamei-te pelo seu nome" (Is 43,1); "Não temas, estou contigo" (Is 43,5).
- "Mastigue" seu alimento. Deixe-se iluminar pela palavra.
- O que Deus está querendo lhe dizer? Como você pode pô-lo em prática?

3. VONTADE (AFETOS, COLÓQUIOS)

Tendo recordado (memória) a Palavra de Deus em sua vida e com a luz da inteligência compreendido e refletido em seu alcance, o coração se abre e se inflama para uma conversa pessoal — "eu-TU". Acontecem os afetos, colóquios, pedidos, ação de graças, louvores etc.

Observação: o uso das três potências na meditação não acontece em ordem seqüencial, mas como que simultaneamente, ora recordando, ora refletindo, ora deixando-se afetar, no decorrer de toda a oração.

Colóquio final, gesto e oração vocal como de costume.

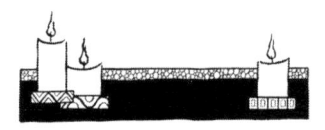

7

EXERCÍCIO DE ORAÇÃO PESSOAL: CONTEMPLAÇÃO EVANGÉLICA

MATÉRIA: A TEMPESTADE ACALMADA: MT 8,23-27; EE 249

1. *Preparação*
   - Harmonizar-se. Acolher a presença de Deus
   - Oração preparatória [EE 46]
   - Preâmbulos (breves introduções):

   a – **Recordar a história:** (Ver Mt 8,23-27)
   b – **Composição vendo o lugar:** Com os olhos da imaginação, ensinados pela fé, chegue junto do mar, forte, agitado, o Mar da Galileia ou o grande Lago de Genesaré.
   c – **Petição:** Aí, neste lugar sagrado, peça a graça de se confiar e entregar totalmente a Jesus. Ele, que domina os elementos cósmicos – ventos e ondas – sabe acalmar os mares agitados em sua vida, ajudar você a cruzar as horas difíceis e chegar à outra margem, vencendo o medo com a fé.

   1º **ponto:** Sinta-se convidado/a *a ver, ouvir e observar* tudo o que esta cena lhe traz. Entre na barca! Veja: Jesus dorme, o mar se agita, ondas varrem a barca, ventos fortes a atiram de cima para baixo, de um lado para o outro... Veja você e veja os discípulos nesta hora: rostos espantados, amedrontados mesmo. Ouça o que vocês dizem: ordens, contra ordens, gritos, silêncios de pavor e, finalmente: *Senhor! Salva-nos! Nós vamos morrer!* No meio deste tumulto, escute a voz, que consola e também adverte: *Por que tanto medo, gente fraca na fé?*

Observe seu coração. Observe a reação dos outros. E olhe para Jesus, observe sua atitude: de pé, dá ordens ao mar violento. Faz-se a calma. Você já não viu isto na sua vida? E os corações dos discípulos se curvam de espanto diante de tamanho poder: Quem é este homem, a quem até os ventos e o mar obedecem?

2º ponto: Na calma do resto da viagem, vá recordando tudo o que se passou. Guiado pelo Evangelho, veja de novo, escute de novo, observe de novo... O que se move lá dentro de você, neste recordar intenso, diante das atitudes suas, dos discípulos e, sobretudo de Jesus?

3º ponto: Nas tempestades de sua vida, você se tem lembrado de gritar: *Senhor, salva-me, estou em perigo*?! E as admoestações de Jesus: *Por que tanto medo, meu amigo, minha amiga, de fé tão fraca?* Então reze! Fale destas coisas com Jesus *como um amigo fala com seu amigo*. Pode ser um bom momento para adiantar-se e dizer-lhe*: Sim, creio em ti, sei que és o Senhor de todas as coisas e também de minha vida. Toma, dirige minha vida. Mostra-me o que queres de mim e firma minha vontade no teu seguimento, no que me propões!.*

Colóquio final: Vá finalizando este exercício do seu espírito com o Espírito de Jesus, retomando os momentos de sustos ou de luzes, de bloqueios e de chamados e apelos num colóquio amoroso, agradecido. Termine com a prece *Alma de Cristo*

Registre o que foi significativo para sua vida

Edições Loyola

editoração impressão acabamento

Rua 1822 nº 341 – Ipiranga
04216-000 São Paulo, SP
T 55 11 3385 8500/8501, 2063 4275
www.loyola.com.br